CAMÉLIAS
EM
MIM

CAMÉLIAS
EM
MIM

Memórias, inquietudes e inspirações poéticas

ISIS
VALVERDE

PREFÁCIO **Pedro Bial**

© Copyright 2019 by Isis Valverde

Direitos de edição da obra em língua portuguesa no Brasil adquiridos pela Agir, selo da EDITORA NOVA FRONTEIRA PARTICIPAÇÕES S.A. Todos os direitos reservados. Nenhuma parte desta obra pode ser apropriada e estocada em sistema de banco de dados ou processo similar, em qualquer forma ou meio, seja eletrônico, de fotocópia, gravação etc., sem a permissão do detentor do copirraite.

EDITORA NOVA FRONTEIRA PARTICIPAÇÕES S.A.
Rua Candelária, 60 • 7º andar • Centro • 20091-020
Rio de Janeiro • RJ • Brasil
Tel.: (21) 3882-8200 • Fax: (21) 3882-8212/8313

Os poemas "Cortejos" (p. 29) e "Noturnos" (p. 111) foram escritos em coautoria com Leonardo Rosa.

CIP-BRASIL. CATALOGAÇÃO NA PUBLICAÇÃO
SINDICATO NACIONAL DOS EDITORES DE LIVROS, RJ

V29c

    Valverde, Isis
        Camélias em mim : memórias, inquietudes e inspirações poéticas / Isis Valverde. -
        1. ed. - Rio de Janeiro : Agir, 2019.
        136 p. ; 23 cm.

      ISBN 9788522006960

        1. Poesia brasileira. I. Título.

19-60463   CDD: 869.1
                              CDU: 82-1(81)

Vanessa Mafra Xavier Salgado - Bibliotecária - CRB-7/6644
07/10/2019   14/10/2019

1. QUEM ESTÁ AQUI?

Ar...triz 13
A um colega 15
Isíndia 17
Meninice 23
Vida e ópera 25
Cortejos 29
Invasivo 31
Partícula-mor 33
Sereiseu 35
Imitação barata 37
Aos trinta 39

2. O QUE FIZEMOS?

Encruzilhada 45
Cuidado! 47
Ruelas 49
Abandono 51
Amor difícil 53
Desabafo 55
Desprazer 57
Lágrimas de sal 59
Des...inspiração 61
Não me dê flores mortas 63
Suspiração 65
Desencanto 69
Dor de ser 71
Sobrevivente 73

3. POR QUE QUEREMOS?

79 Desatado
81 Roda a saia
83 Traidor
85 Pingo de amor
87 Nos olhos seus
89 Papel em branco
91 Canarinho
95 Saudade
97 Alma livre
99 Transmutações
101 Clandestinidade

4. DO QUE SOMOS?

105 Perfume que a memória tem
111 Noturnos
113 Um natal... feliz
117 Novo ano
119 Tic-tac
121 Casa minas
123 Gestação
125 Amor em partes
127 Maternidade
131 Ventanias
133 Contador de histórias
135 Camélias em mim

PARA: JORGE BASTOS MORENO
DE: PEDRO BIAL
A/C: ISIS VALVERDE

Moreno, meu moreno,

que falta você faz, que falta faz seu cafofo, seu nhe-nhe-nhem dos sábados, o seu humor de todo dia, seus furos, sua loucura.

Não venho perturbar sua paz celestial para trazer as espinhosas notícias de nosso Brasil, dessas você encheu sua vida, dando a tantos a informação exclusiva e a esperança possível.

Escrevo para comunicar que você é agora padrinho, póstumo e eterno, de uma nova escritora na praça. Moça cheia de destemor, que você revelou para além do rostinho ~~bonito~~, lindo, naquela capa da *Revista da TV* no domingo, 29 de agosto do estranhamente remoto ano de 2010. À época, você destacava que ela, aos 23 anos, já tinha 5 de carreira (!). Mas o espanto geral, e meu encanto em particular, era quanto a sua maturidade e honestidade, que você estampou em chamada de primeira página: *"Eu não sei o que é o amor"*, declarava ela. Como Afrodite, que Zeus nomeou primeiro como deusa da beleza para ocultar, até dela mesma, que era a soberana do amor. E, como a pobre imortal cativa do Olimpo, Isis encarnava o amor, sem saber se seria amada, sem saber o que é essa coisa chamada amor:

—*É tão difícil falar de amor, sabia? Depois que eu comecei a fazer Psicologia e Filosofia, achei tão difícil falar de amor. Li um livro chamado* Falar de amor à beira do abismo *e realmente é isso. Acho que quando falam amor para mim, eu estou na beira de um abismo. Amor é o quê? O mundo é feito de amor. Mas amor é o quê? Se falam que é amor, não pode ter paixão, e paixão não é igual ao amor. Então, o que é o amor? É a concessão? É se doar ao outro mais do que a si mesmo? Não sei! Sinceramente eu não sei ainda, estou em busca do amor.*

Essa mesma inquietude leva, nove anos depois, a mãe de Rael, quase um aninho de vida, a lançar seus escritos poéticos, num livro com título perfumado, *Camélias em mim*.

Será que ela já arrisca dizer o que é o amor? Será que suas dúvidas continuam afiadas? Será que as palavras a acolheram? Será que ela não deixou de ser menina, oxalá!?

Para conhecer essas respostas, você e os leitores só terão que folhear as pétalas desta camélia de papel e carne.

Aqui ela diz:

O amor não tem cor
Raça
Idade
O amor flui como água
Bica
Pinga os encontros

Ali se confessa:

Te amo por alguma parte do coração
....
Amo de longe, de perto ou até mesmo de bem pertinho.
....
Te amo um amor em partes por medo
Que ele acabe e não exista mais este pedaço de mim
   completado em você.
Sou partes.
Filha
Mãe
Renascida avó.

Ela não desiste de querer saber o que ninguém sabe:

Te amo aprendendo a dizer te amo

Abençoe Isis, Moreno, é sua cria, flor de sua terra, o amor.

ISIS

Eu floresci quando encontrei você
Quando te senti crescendo em meu ventre
Quando pude te sentir nos braços

Floresci quando te olhei nos olhos
E ganhei teu primeiro sorriso

Desabrocharam flores em mim quando guiei teus
    primários passos
E me assegurei de enfeitar o caminho
Para que sempre voltasses

Essas mesmas flores
Sempre vivas e tão belas
São o suporte quando a tempestade chega

Posso sentir o perfume da vida
Porque você sempre florescerá em mim, filha amada

Floresce em mim tuas pétalas
Teu caule firme e esguio
Fotossíntese de vida

Floresce em mim seu pólen fecundo
Estilete, estigma e ovário
Floresce agora em mim seu menino

– ROSALBA NABLE
mãe de Isis Valverde

1. Quem está aqui?

AR...TRIZ

Eu ar
Ator, pintor, cantor, compositor.
Pessoas que vivem de magias, contos, cantigas e sambas.
Boêmios poetas que, em meio a tanta dor, exprimem o amor que sentem pelo mundo e por seus companheiros de viagem, sejam eles artistas ou não.
Eu nasci assim (como dizia minha avó): com um parafuso a menos. Enfurnada nos bambuzais, criava meu presente, inventava meus medos e supria minha necessidade de criação.
Creio que a solidão e o "ser artista" andam de mãos dadas.
Uma solidão em conjunto, acompanhada de uma dor incolor lá do fundinho da alma, sabe?
Nasci assim no ar da arte, para ser arteira, quebrar o óbvio, o traçado, a moral.
Creio que posso emoldurar as coisas, seja no palco ou na mira de uma câmera, na frente de um piano ou de um papel em branco.
Tudo pode ser tudo.
Porque eu!
Eu nasci assim:
Ar.

A UM COLEGA

A arte de transpirar a própria dor
É sua, meu caro.
Ator
Entupido de esquisitices, tremeliques
Ama e detesta
Espera, às vezes erra
Amassa, grita, tripudia
Esboça de longe o arteiro que é.
Ama as palavras
Afinal, é sua a arte de ser por inteiro
Nosso
Artor!

ISÍNDIA

Viagem
Dezesseis horas entre dormir e acordar
Dezesseis horas de *"please, women"*, *"thank you, sir"*
Abrir incessante de janelas e poltronas retráteis
Cheiro de estrangeiro: doce, perturbador, instigante, opressor
Sentimentos confusos misturados a uma ansiedade insistente
Chegada a DUBAI
No primeiro impacto vejo as mulheres tapadas dos pés à cabeça
Em plena submissão, segurando firme a mão pequena e suada da prole do santificado marido

Próximo destino: NOVA DELI
Uma recepção conturbada de moscas, suor, fome, impaciência, euforia, sede e um vaso sanitário no chão — sem papel
Dialetos ou raios de palavras invadem o ar (seco como o fogo)
Buzinas ensurdecedoras fazem parte do cotidiano das aposentadas construções
O ônibus nos espera com poucos carregadores magros de olhar intenso como um poço fundo de águas negras. Parecem querer dizer alguma coisa, mas apenas balançam as cabeças para os brancos *firangis* de jeans e camiseta Hering

ÍNDIA: cheiro intenso de fezes e pimenta adocicada
Vacas invadem como cardume os asfaltos
Elefantes pintados de rosa e azul escondem atrás das máscaras primaveris uma liberdade roubada
Enfim aportamos
Palácio de Maharany (donzela dona de adjetivos e predicados magníficos)
Pessoas bem-vestidas, cheiro de pocã, rosas e damas-da-noite invadem o saguão, silencioso
Pessoas dialogam baixo, servis
Existe ouro pelos mais tímidos cantos do palácio onde trabalhadores noturnos agradecem todos os dias pelas noites maldormidas
A sensação do estar só me invade profundamente, e cada passo da minha vida se faz como um nostálgico dia no cinema
Penso em meus medos, cogito minha criação, boto à prova minha profissão, me desentendo com a fé, me vejo cara a cara, nua!
Um bucolismo me invade a alma e me faz sentir um sopro de vida, vida pura, palpável, viva, onde animais são sagrados, uniões se santificam na eternidade. Onde a vida é uma constante festa — não para pedidos e, sim, agradecimentos
Os cânticos vêm acompanhados de batuques e flautas, mar de movimentos e trepidações de línguas
O som da música, magicamente, nos leva para um lugar comum
Na noite o silêncio cai sobre a Índia, enquanto as Três Marias e o Cruzeiro do Sul vão aflorando no céu com seus pontos

luminosos. Anos atrás, no Brasil, da janela da casa de
minha mãe os mesmos eram decifrados por mim nas
noites frias de inverno

Novamente os pensamentos invadem minha mente

Perguntas, pressuposições, acusações e uma incerteza — que
me parece proposital

Do outro lado da muralha do palácio vejo pessoas nas ruas
com crianças dopadas no colo (anjos caídos no purgatório
pedindo perdão pelos pecados não cometidos)

Olhares que jamais sairão da minha alma, porque me
marcaram com um ferrete o tal "carma" tatuado na pele.

Mas o que mais me calcifica é a conformidade de ser, ser o
que é e apenas isso

Ao longo de vinte dias e vinte noites vou encontrando uma
nova Isis e uma nova Índia

A Índia da fé

Das cores

Do não desistir

Da poesia

Do viver no presente

E não cobrar do passado ou ansiar o futuro

A defensiva se despede cada vez mais, me redescubro em
Aiuruoca rodeada de terra e minhoca

Me redescubro Isis Nable, natural de Belo Horizonte, filha
do bioquímico Rubens e neta da mulher mais teimosa e
feminista que já conheci, dona Maria Nilse Senador

O cheiro da pimenta já se adéqua ao meu paladar salivante

As crianças sujas me ensinaram danças com um quê de
evolução espiritual

Agora já são seis e trinta e o relógio reclama sua hora
Os insetos se alimentam sanguinariamente e o céu tem uma estranha cor azul-púrpura
Apenas uma estrela assiste ao término deste exorcismo espiritual
Essa foi a Índia que meus olhos percorreram
Essa é a Índia que quero levar para o meu infante BRASIL
Inexplicável país, purgatório, caldeirão
Paraíso!

MENINICE

Na cozinha tagarela uma pequena menina:

"O urubu voa acima do céu e vê o mundo todo de lá.
O mundo é uma bola azul de mar sustentada por um fio de
   nylon preso ao sol.
Existem sereias cor de carpa que vêm do sul no inverno.
Existem renas voadoras e coelhos que botam ovos doces e
   coloridos."

Falava em cegonhas e seus bebês acegonhados, anões
   brancos como neve, amores shakespearianos e
   brinquedos que criavam vida assim que o escuro no
   quarto entrasse.
Falava de nuvens de algodão, circos mágicos, palhaços felizes
   e de um mundo sem dor.
Falava em fadas noturnas montadas em cavalos estelares,
   que acendem as estrelas aos galopes.

Me lembro bem, nos meus poucos sete anos, quando os
   porquês ficam mais enlouquentes, o que disse minha avó,
   que mexia o arroz-doce estalando na panela quente:

"Isso é só meninice, minha filha... É só meninice!"

VIDA E ÓPERA

Sopro de ideias, convicções e idealizações foram colocadas no ar da sala de aula.

Filosofia: a implosão de certezas absolutas, o início do fim, no começo de um recomeço. A vida, religiões, morte, amor, ódio, resiliência.

Ah! Sim, e a música... A música que rege o espetáculo vida no palco Terra.

O mundo é regido por um deus e um bárbaro, onde atores são plateia e poetas são grandes farsantes da verdade.

A vida é uma partitura com falhas, e é isso que a faz ser imprevisível e indiscutivelmente humana.

Hoje descobri que a vida é uma ópera. Atos exatos, acompanhados do dionisíaco som que rodeia os atentos e assombrados espectadores.

Vida e ópera, a analogia perfeita, porque a música...
A música está em todo lugar.

O
MUNDO
É REGIDO
POR UM
DEUS
E UM
BÁRBARO,

ONDE
ATORES
SÃO
PLATEIA
E POETAS
SÃO
GRANDES
FARSANTES
DA
VERDADE.

CORTEJOS

Com Leonardo Rosa

O sal da minha pele saúda seus olhos
Mas não terão da pele o toque
Ceder não é meu forte
Nem se de forte se fizesse
Desdém algum quero te fazer.

Há apenas a porta entreaberta
Que recusa novos cortejos
Fujo para lábios em que me perco
Volto para olhos que desejo.

INVASIVO

O sol não brotou hoje
No quintal molhado de heras.

Boca seca,
Água cortante.
Palavras banhadas de sal.

O inconstante vaga pela sala
Onde jaz o livro de feridas expostas.

Convidados não bem-vindos
Adentram o lar.

Canetas derretidas.
Olhos fervilhantes.
Me atende!!!

PARTÍCULA-MOR

Vejo tantos recrutas do amor, tantos ricos e mendigos
    do amor...
Vejo vários lacaios do amor
Eu vejo amores
Cada um com seu respectivo *sentidor*
Ouço vários dizeres sobre o amor
Mas que amor é esse que se faz entender
E que me causa horror
Isso? Será isso o amor?

Quero o meu amor
Sem louvor, sem dor
Quero partícula-mor
O meu particular amor
Multicolor.

SEREISEU

Ela é água, mar revolto, pedra pura sem esculpir. Quase sempre deixa o vento acelerar as ondas que se atropelam em devaneios, permitindo a cabeça afundar em sonhos e aguar doce em conquistas fúteis.

Mas o que me apaixonou mesmo foram suas risadas borbulhares de espuma salgada no topo das ondas em construção que, brancas-jasmim, me levaram e assim tão facilmente também me largaram lá, em meio à areia batida, escurecida de ressentimento.
Me esqueceu!

IMITAÇÃO BARATA

Que eu saiba ter olhos pra alma.
E que elas sejam muitas!
Um artista sem alma é apenas uma imitação barata dele
    mesmo.

AOS TRINTA

Hoje pela manhã a emotividade estava à Flor da pele!
Acordei, me olhei no espelho e... de repente 30!!!
Não sei explicar o que mudou exatamente, apenas senti.
Acredito no cosmos, que ele age sobre nós, e que nesta idade mudamos o modo como olhamos a vida (pelo menos foi assim comigo). Senti pela primeira vez que não era mais uma menina que estava ali mirando aquele espelho embaçado e sim uma mulher com responsabilidades, quereres, alegrias, tristezas, sonhos! Notei também que ela estava com uma beleza mudada pelo tempo, não estou falando de velhice, estou falando da maneira como me via e como isso mudou dos meus 27 pra cá, serenidade, talvez!
Serenidade de saber que tudo que é pra ser será de qualquer forma e que não vamos agradar a todos, que também não iremos sempre acertar, que, quando o coração falar bem lá no fundo, ele TEM que ser ouvido, aaaah tanta coisa...
Ainda estou emotiva e acredito ficar assim até toda a passagem terminar.
Algo bateu mais forte, entrou pelo quarto, me olhou nos olhos e me passou a chave das escolhas da MINHA vida!
Me vi ali deixando aquela menina medrosa, não vou mentir que senti sim um pouco de angústia e euforia; paradoxal, né?
Mas acho que 30 é assim mesmo redondo, intravenoso, único e decisivo! Bom, me restou pegar aquela chave, lavar

meu rosto, limpar todo o resto de maquiagem do passado
que ainda me bagunçava e seguir para a porta.
Agora mais preenchida e livre de bobeiras infantis,
eu caminho a passos calmos, e se bobear
ATÉ POSSO VOAR!

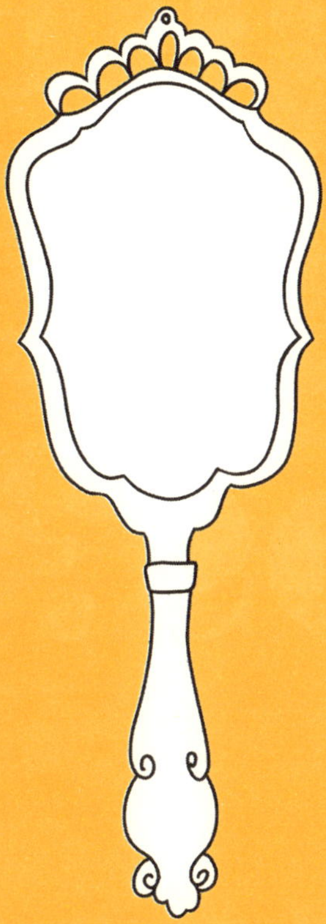

2. O que fizemos?

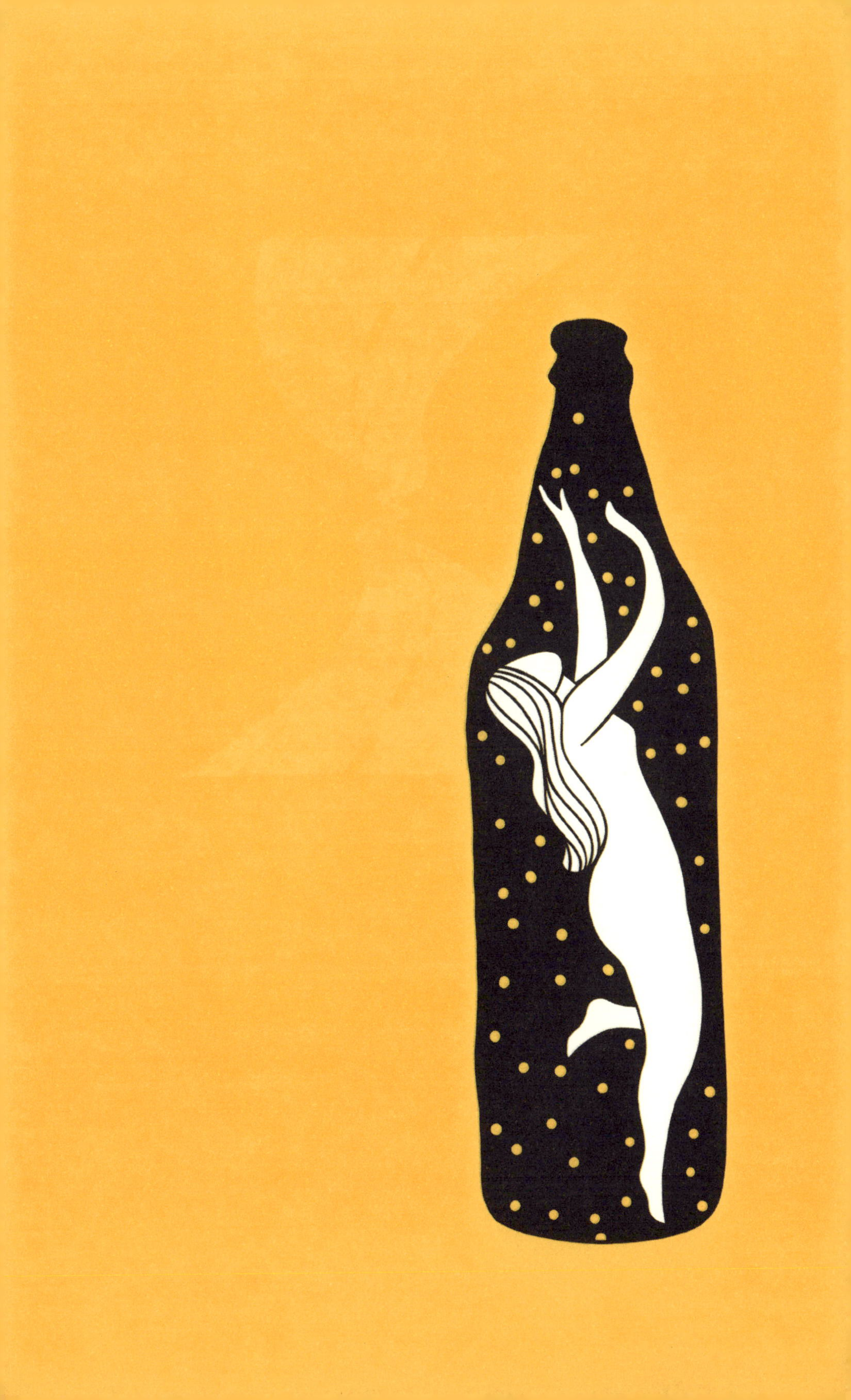

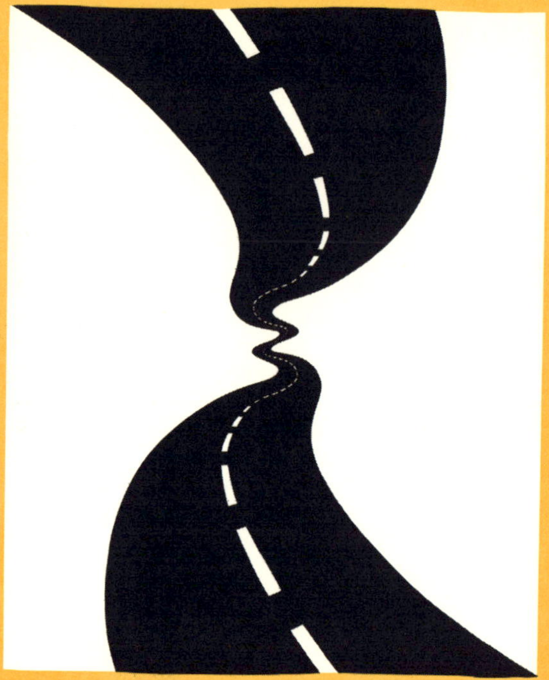

ENCRUZILHADA

Será o fim? Ou o começo da estrada?
Calçada de escaras essas, tão doídas de ingratidão
É jovem o moço
É jovem o amor abortado da moça sentada
Aguada
Que se esvaiu em pranto, toldando olhos e alma
Deixando se alagar por lembranças
Do jovem moço com indomesticáveis cabelos
Esses revoltos de mar.

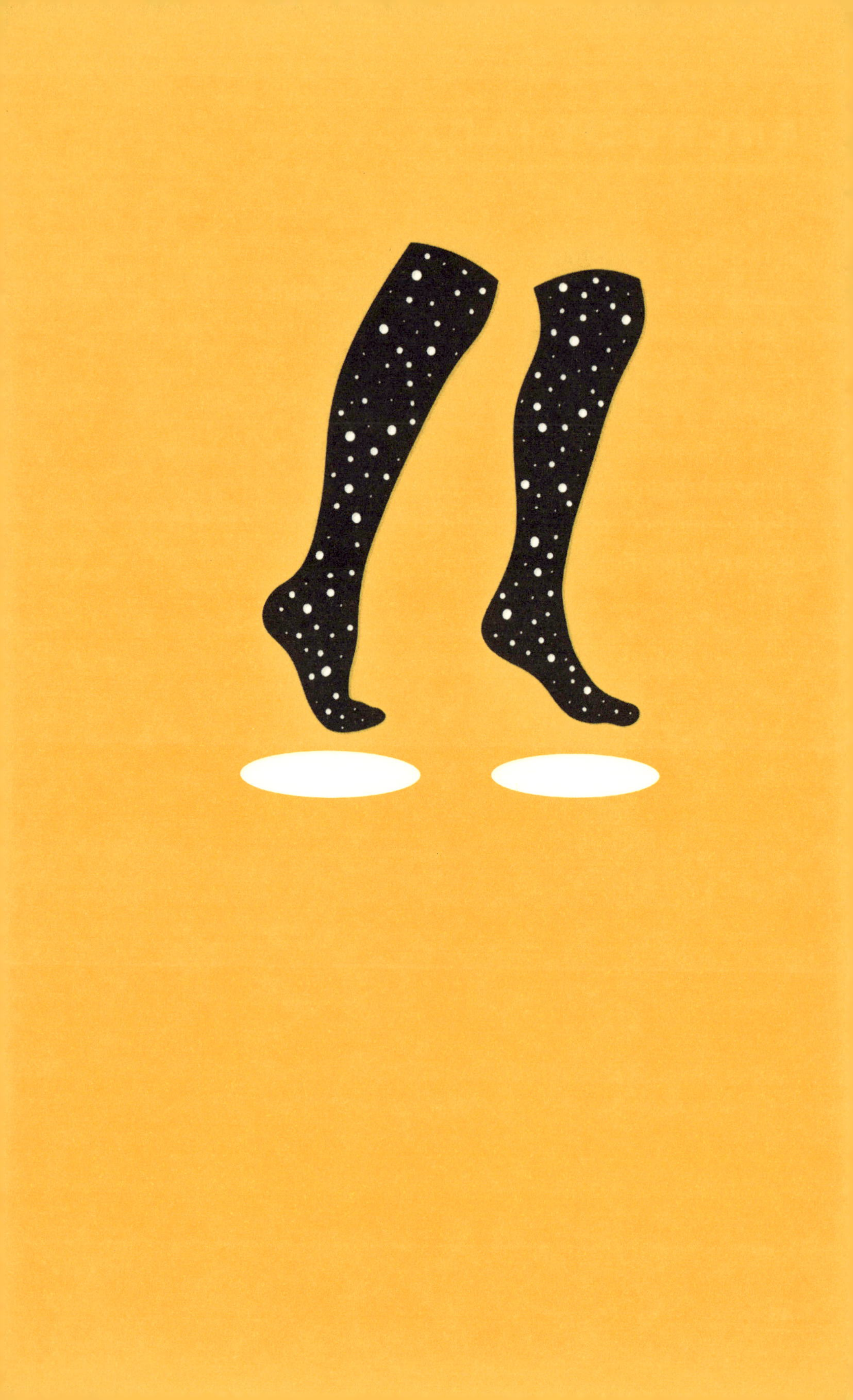

CUIDADO!

Paciência, a alma do negócio...

Cada passo que é dado
Acerta um vaso de cerâmica
Que
e
      s
   p
     a
            t
        i
    f
          a
 pela cozinha.

Não ande!
É hora de esperar.

O bolo já vai sair.

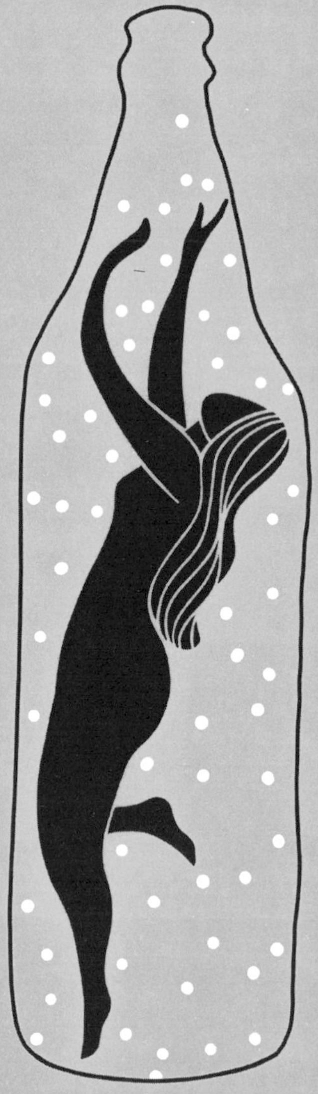

RUELAS

Saio pela rua bebendo e chorando às enxurradas.
Bebo as águas de quem guerreia e regurgito
O raio que em mim nasceu.
Seja tempo bom, seja tempo mau,
Me largo.
Mas pelas ruas, jamais caio.

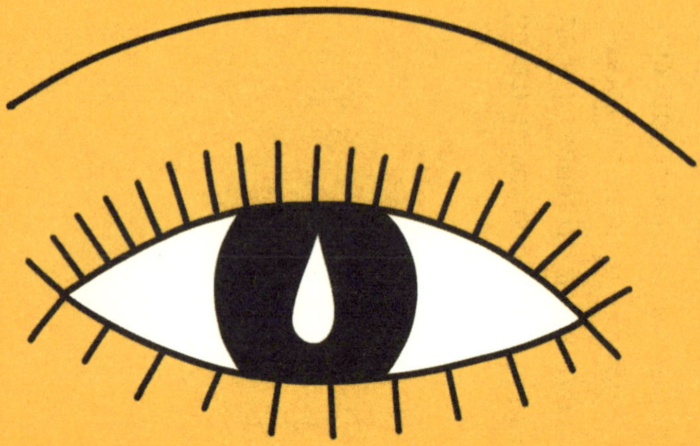

ABANDONO

Os lábios secam como carniça ao sol
O peito arfa, clamando por abraços calejados
Para que o apertem mais um pouco.

Os olhos bocejam o cansaço da espera que não cessa
Murmuram lágrimas de esperança baixinho
Para que o outro
Não as ouça
Definhando-se com a maré desajeitada
Que cambaleia com o vento e não molha a praia
Com palavras suas.

Palavras
Não vindas de lugar algum
Palavras
Essas que apedrejam o peito
E me areiam os olhos desaprendidos de chorar.

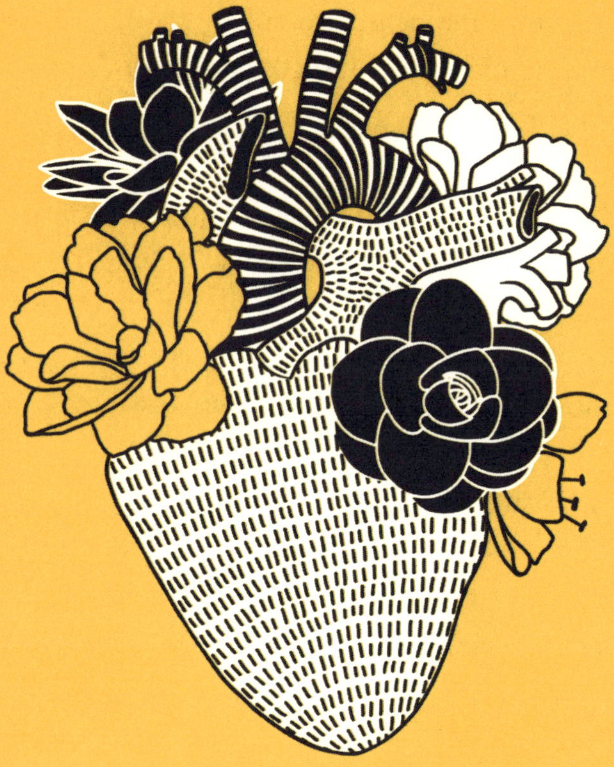

AMOR DIFÍCIL

Os olhos se encontram como rio
Sabendo o caminho certo.
Mãos quentes sobrevoam corpos suados
Arrepiados pelo frondoso desejo em desespero.

Amor difícil esse
Que estapeia meu coração franzino.
Paixão que não cessa
Nem diminui com a tempestade fria.

Amor difícil esse
Que não me deixa em paz.
Amor que não dá trégua
Nem se entrega de vez.

A boca em flor
Esperando a próxima colheita
Em sofreguidão, pede:
— Estapeia, estapeia
Estapeia sem trégua este esquálido coração.

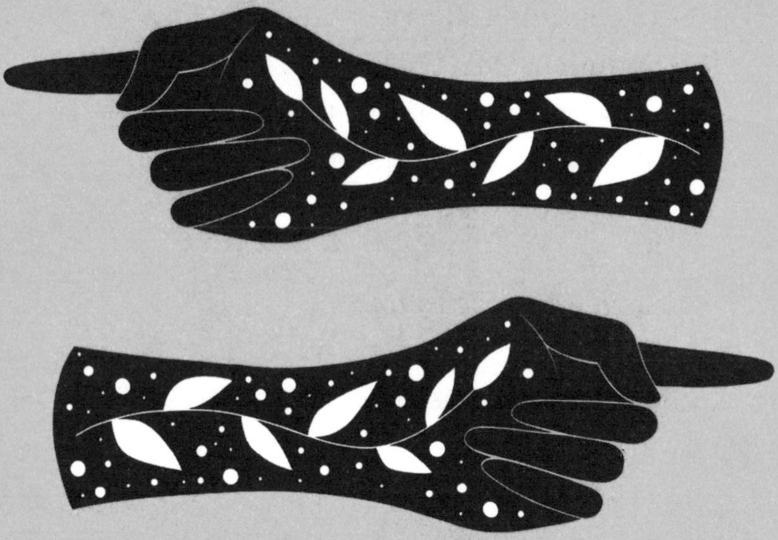

DESABAFO

Se eu pudesse quebrar teu "fuço",
Xingar tua mãe,
Fazer das tuas vestimentas meu pano de chão,
Tudo seria tão mais fácil.

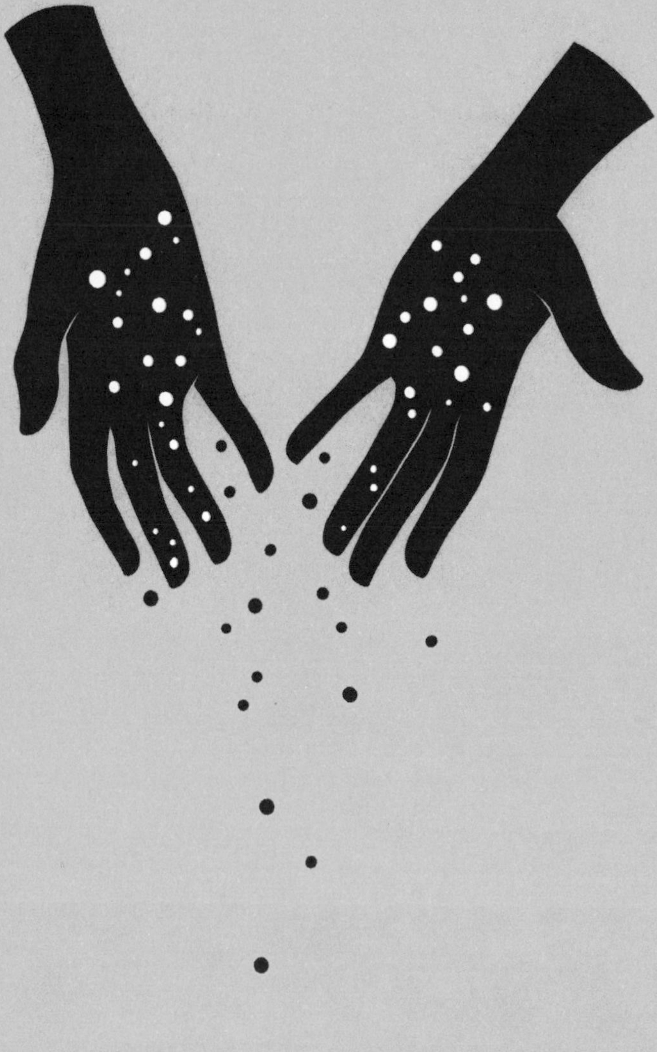

DESPRAZER

E foi assim que em meio a giros
te achei
segurei e sorri!

Quando tudo que era sonho e desejo se esvai como fina areia
 das mãos da juventude já gasta, tudo se torna penumbra.
Os cabelos revoltos de mágoa e fel, os olhos já fundos
 abandonados pelo sono, os lábios que sem palavras
 contentam-se em descolorir.
Tudo escurece.

Até a alma, aquela que reluzia, se vê sem rumo, sem norte,
 apenas a larápia morte a acompanha até ao fadado fim.
Adeus!
Eu vou, pois não tenho a escolha da volta.
Eu vou para onde meu peito desafogue e meu sorriso
 "enlargueça"
Eu vou...
Para nunca mais voltar!
Foi um desprazer te conhecer.

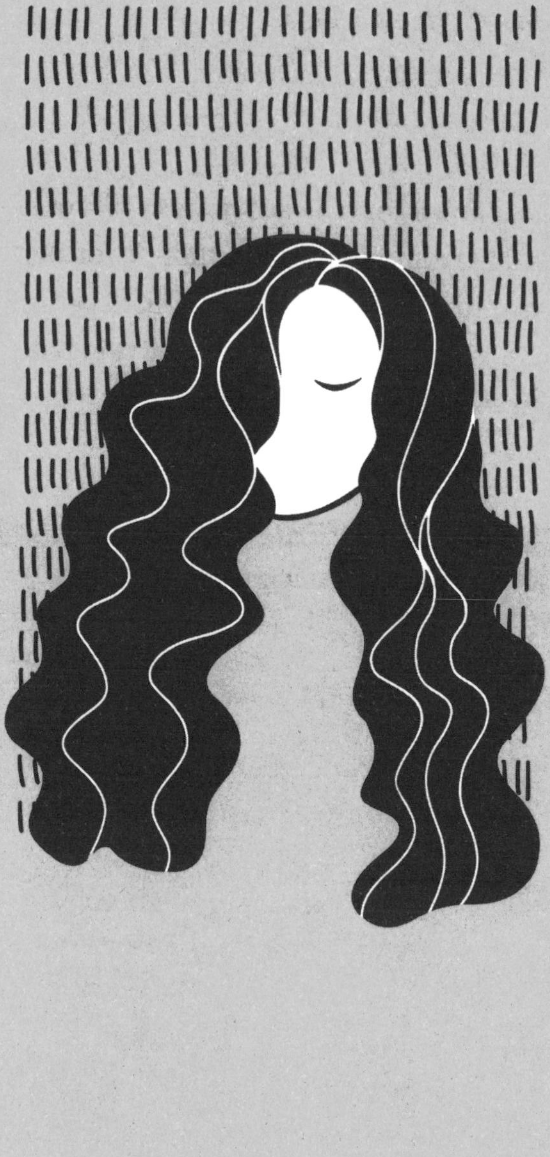

LÁGRIMAS DE SAL

As lágrimas caem como chuva em meu rosto seco.
Venham, minhas pequeninas translúcidas,
Desanuviar meu peito
Já cravado por estacas vis.
Não me deixem aguar no meu próprio eu.
Pois já não aguento meus demônios
Espirrando enxofre em minhas retinas.
Acalmem minha boca com seu sal
Já que é o único que me resta agora.

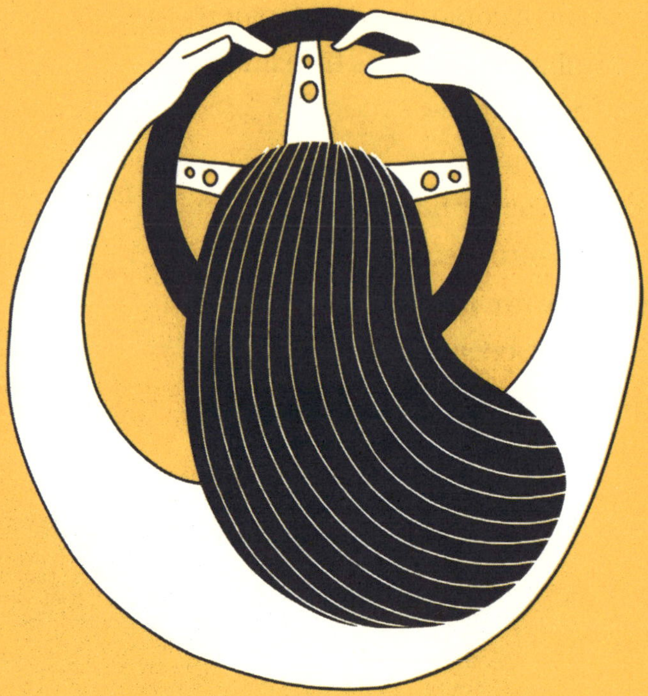

DES...INSPIRAÇÃO

As luzes vermelhas ofuscam a escuridão
Meus dedos tremem ao sacudir da lata com rodas que gira
    pela cidade
Paro...

Já não sei escrever
Onde estará a sublime inspiração de anteontem?
Sumiu?

Dissolveu-se?
Se amargou tanto que resolveu deixar meu eu mais sozinho?
Já não sei escrever...

A saudade se foi
A inspiração transformou-se em amor, permanecendo ali
    nua
Sem dor nem cor, apenas vermelha e nada mais...

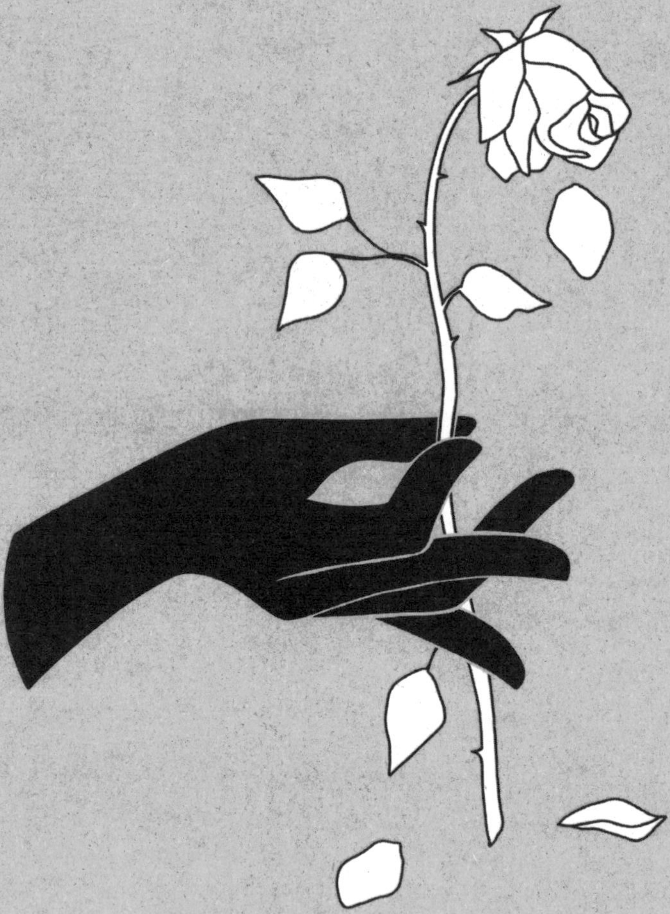

NÃO ME DÊ
FLORES MORTAS

Pra que levar adiante uma flor que não tem raízes?
Só para admirá-la todos os dias
Sabendo que a morte a segura mais forte
E a cada sopro uma pétala irá c
                            a
                                   i
                                          r

No fim só restará um copo sujo
Com o cheiro de rosa morrida
Amargada
Inundada de ressentimento.

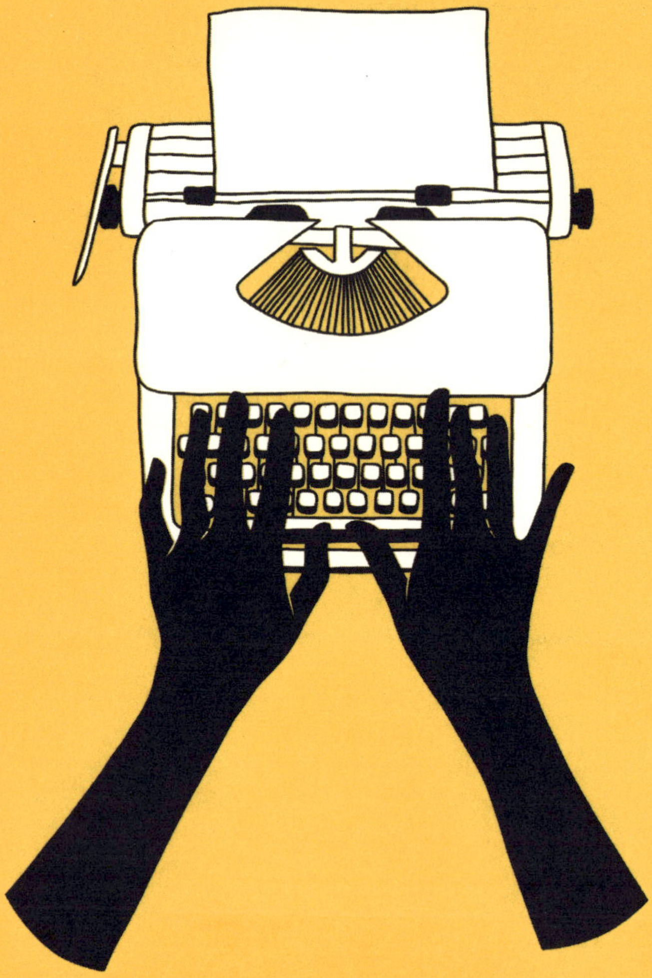

SUSPIRAÇÃO

Quero criar algo novo hoje, mas ainda me lembro de ontem
Quero palavras bonitas
E quero fitas de inspiração.

O hoje se fez vazio
Amanhã talvez algo mais macio
Me amanse a sofreguidão

O sol nasceu claro
Mas a noite jaz tão cá dentro do coração
Suspira você, emoção!

Não me despedace, não.

O HOJE
SE FEZ
VAZIO

AMANHÃ
TALVEZ
ALGO MAIS
MACIO

ME AMANSE A SOFRE- -GUIDÃO

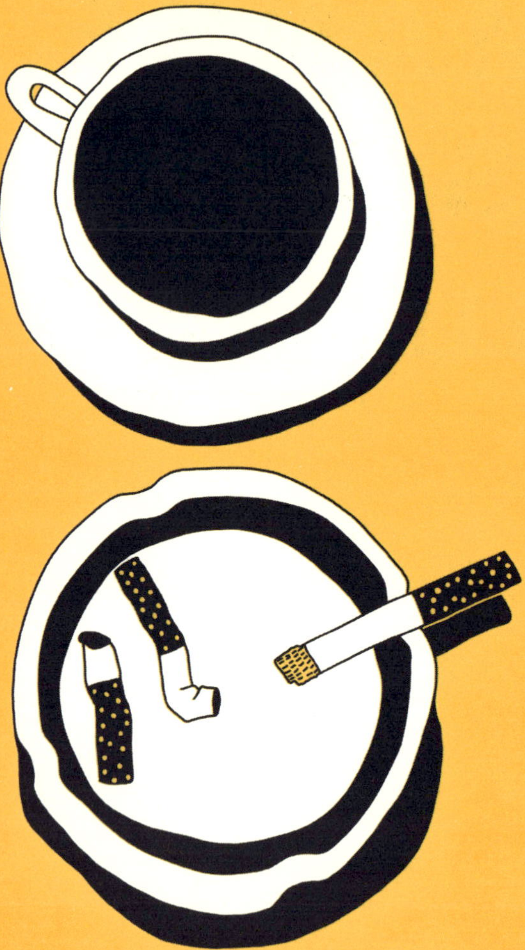

DESENCANTO

Amigo parceiro da traição.
Maldita coragem a minha de te entregar meu Porto regado de navios e canoas.
Fui eu de uma ingenuidade infantil
Acreditando nos abraços e falsos sorrisos
Elogios estes que serviam para amaciar meu ego e macular sua imagem.
Amigo de muitas estações e ombros gastos pelas lágrimas.
Me estilhacei!
Hoje, violada pelas travessuras do destino, me contento com um café esfriando à mesa, três cigarros avulsos e amigos emprestados de outros não tão amigos assim. Enquanto isso, observo os passantes.
Desencantei!

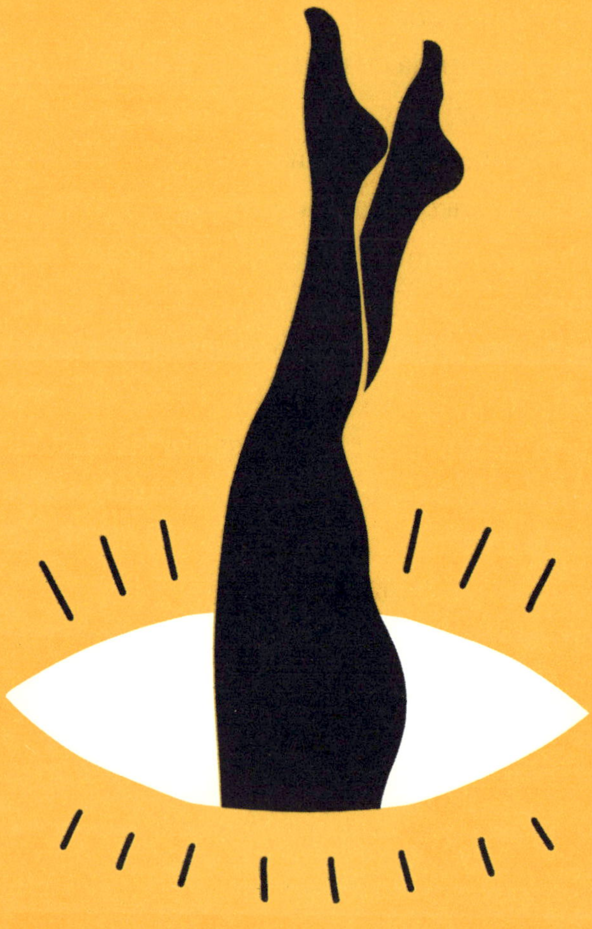

DOR DE SER

Desaparecer?
Sim, seria uma possibilidade pra mim.
Dor larápia que me suga pelos poros o brio da juventude.
Esta dor merda, que fuça minhas entranhas e sujiga o conformismo, como se pudesse resolver o mundo.
Me odeio por existir tão real.
Dor sarcástica que ri de meus medos e não resolve minhas angústias.
Pra quê?
Humana, eu.
Hipócrita, farsante de mim.
Dor que me acaba e embaça a beleza.
Desejo doar a mim pra não doer mais a dor de ser.
Ser quem não sei,
Ser quem não sou,
Ser, apenas
E nada mais.

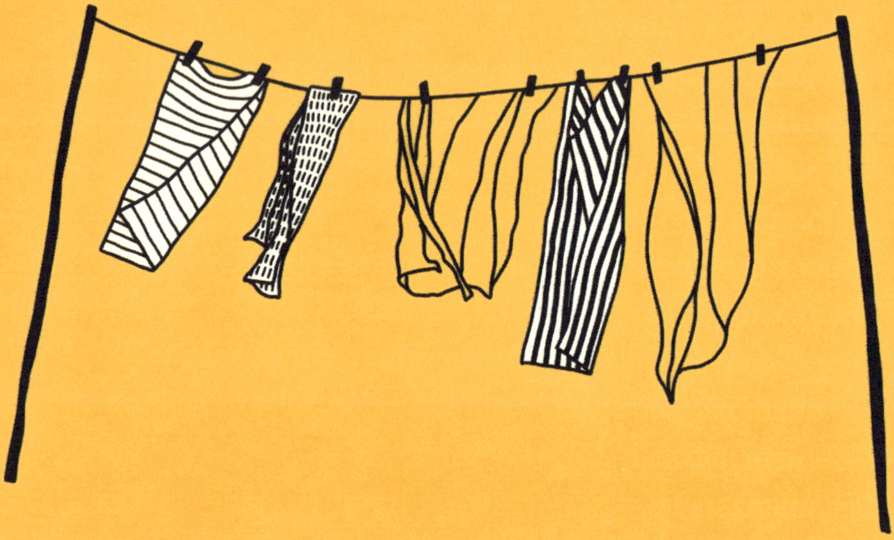

SOBREVIVENTE

Hoje acordei um pouco cansada.
O sol na pele adentra poeticamente pela janela.
Sinto ele arder minhas feridas, cicatrizando minhas
 vontades.
O vento açoita os vidros e sem permissão lá se vão minhas
 virtudes voando pela sala.
Virtudes já violadas por bocas pragmáticas e escancaradas.
Bocas que baforam álcool, palavras bêbadas que saem sem
 partitura ou cor, palavras essas que martirizaram meu
 futuro e enterram meu presente.
Sobrevivente.
Sim, hoje acordei cansada de sobreviver
 a mim mesma,
Incapaz de ser capaz, culpada de ser mulher e envergonhada
 por seguir tempo demais pela metade.
Os dias se encurtam dentro do quarto marfim, o chão
 rangente engole as horas, as panelas cozinham cada
 minuto e a água que escorre do varal se esvai pelos
 segundos evaporados.
O sol que mal havia chegado já se encontra no quintal e o
 vento tagarela acabou desistindo de mim, afinal já não lhe
 restara nada mais para deflorar.

Ouço passos, trotes, uivos.
Pelos arqueiam, refugam a entrega.
Acordei cansada.

Bocas baforam pecado, estes marcados na pele de quem
 nunca traiu:
Eu
Justo eu, a Amante do silêncio!
Burra, culpada, puta.

O chão trepida.
É a porta que bate.
Preciso sumir...

O cabelo já enlaçado, o corpo inerte.
É sangue.
Mas silêncio.
Por que me guardaste este fim?

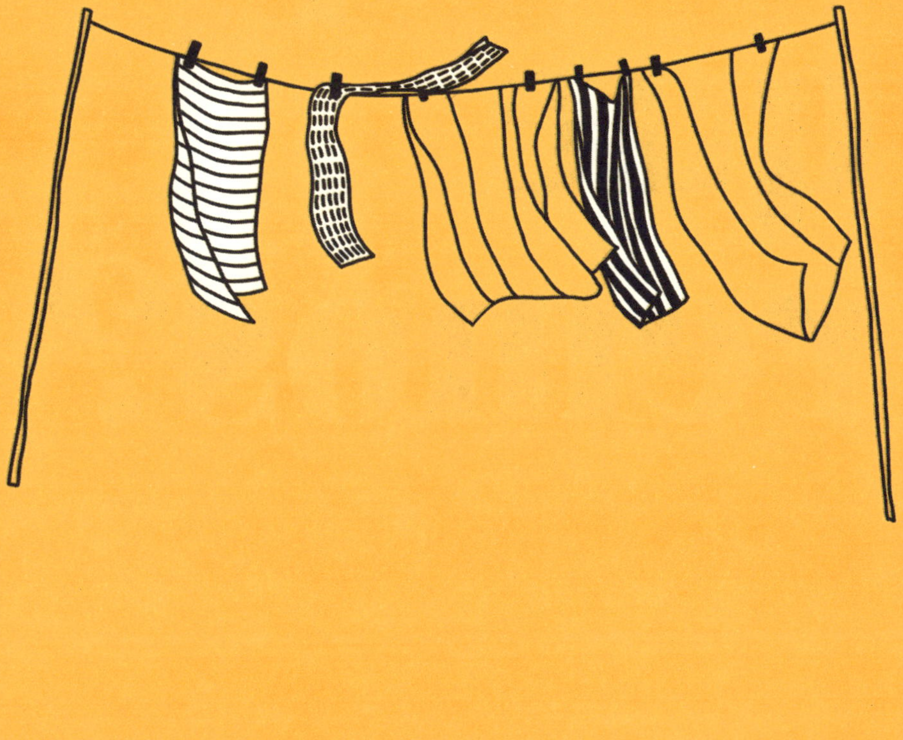

3. Por que queremos?

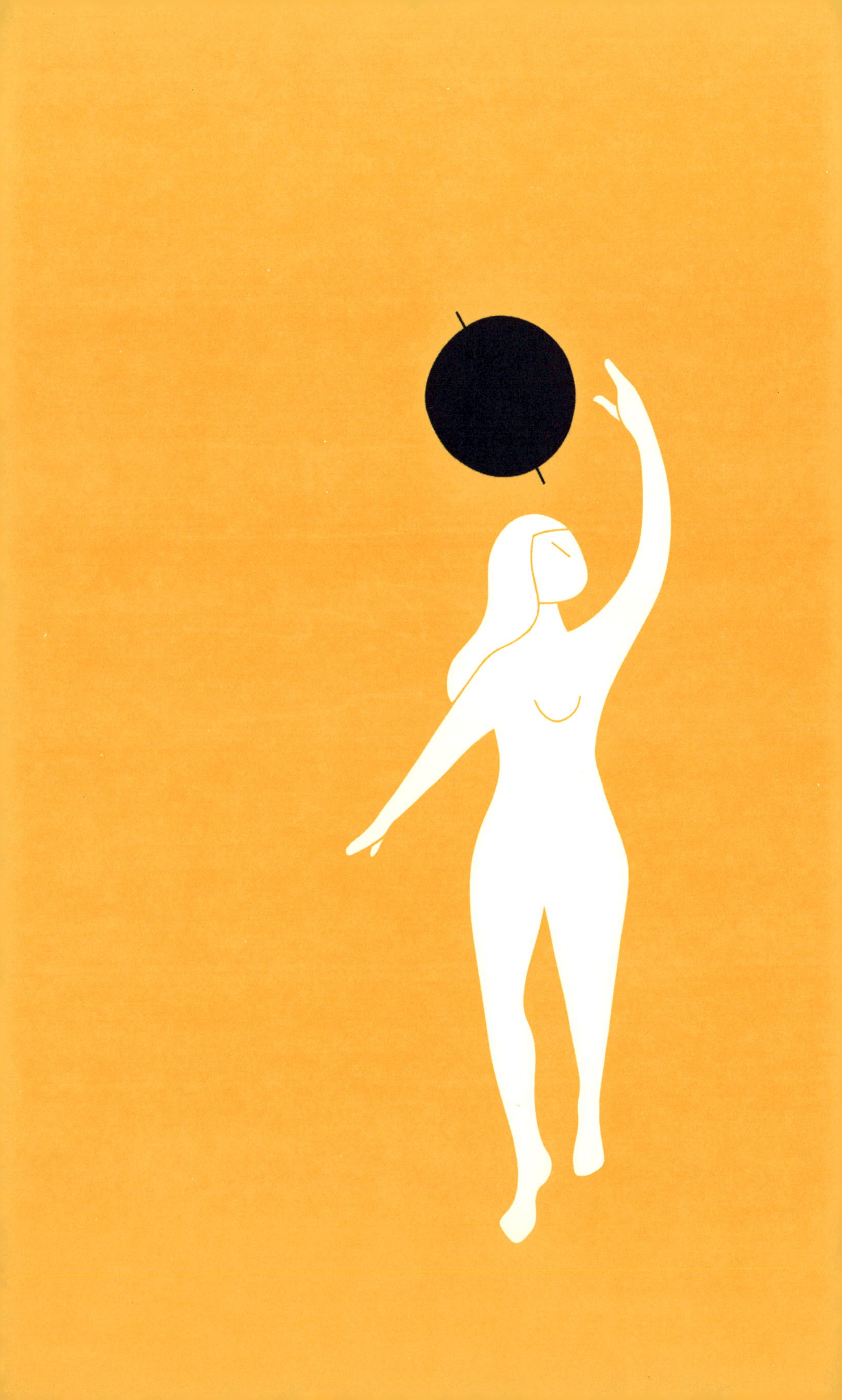

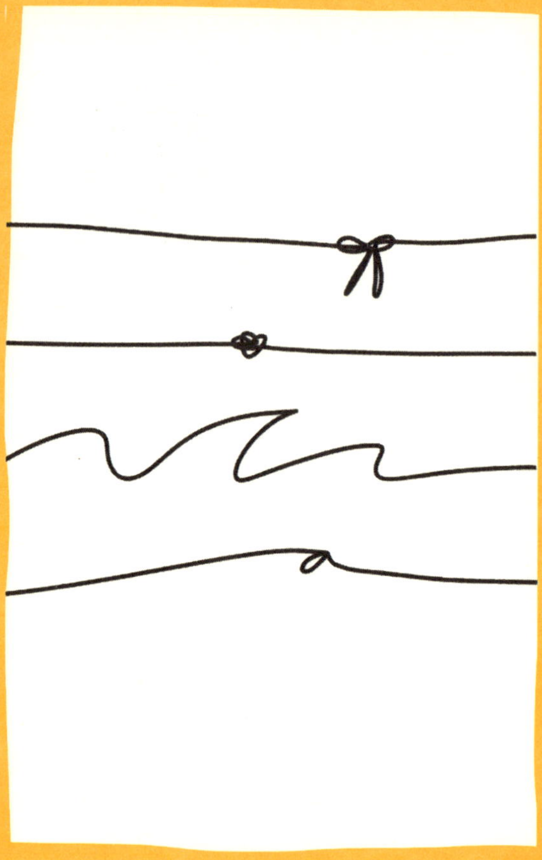

DESATADO

Que o laço seja des a ta   d   o,

Que o nó não mais ape r   t   e,

Que a correnteza f   l   u   a,

As palavras s   a   i   a   m,

Para que enfim o peito se   aquiete.

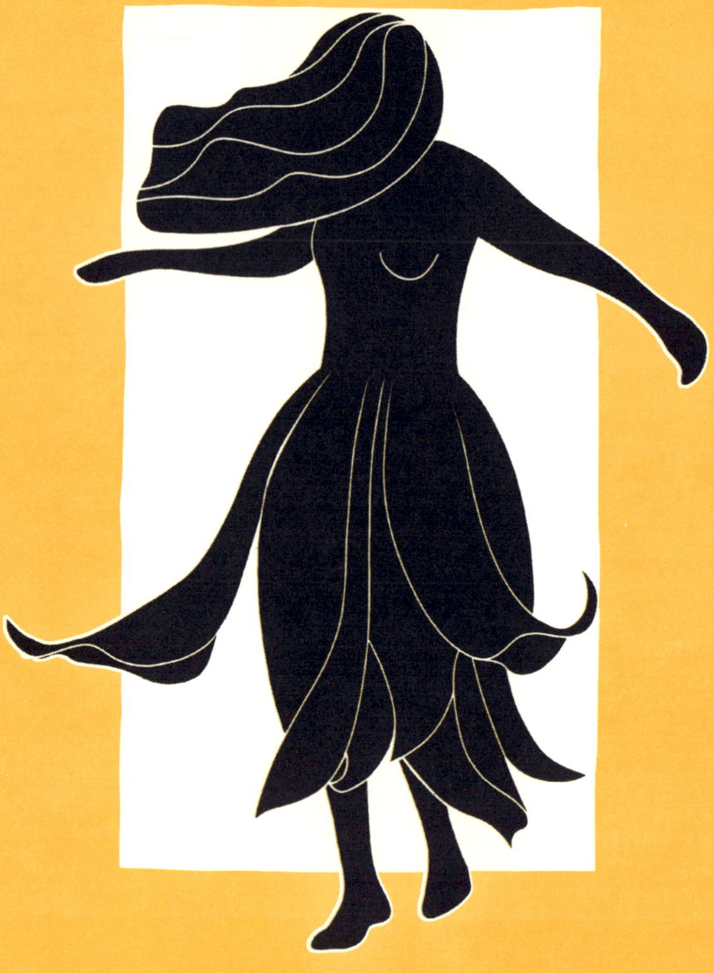

RODA A SAIA

Rosa minha vem de jardim distante, bem longe
Oriunda de genuíno quintal
Rosa minha vem de terra fresca aguada de mato
A saia roda, rodante, rosante
E rosa minha renasce

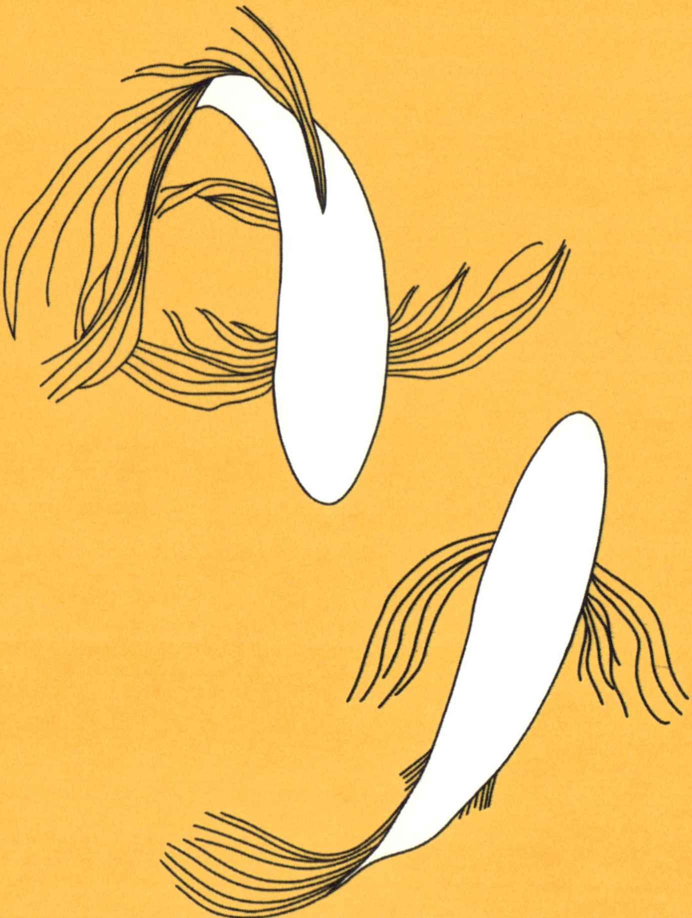

TRAIDOR

O falo adentra e procura o gemido da moça
Quanta falta faz o suor e as poças feitas de lençol.

O quarto, na penumbra, escurece o olhar da moça que chora
E procura com o tato o gemido perdido do falo não vindo.
Onde está maldito caniço?
Onde está esse suor porco que se fez sumiço?

O falo adentra
E procura outro gemido.

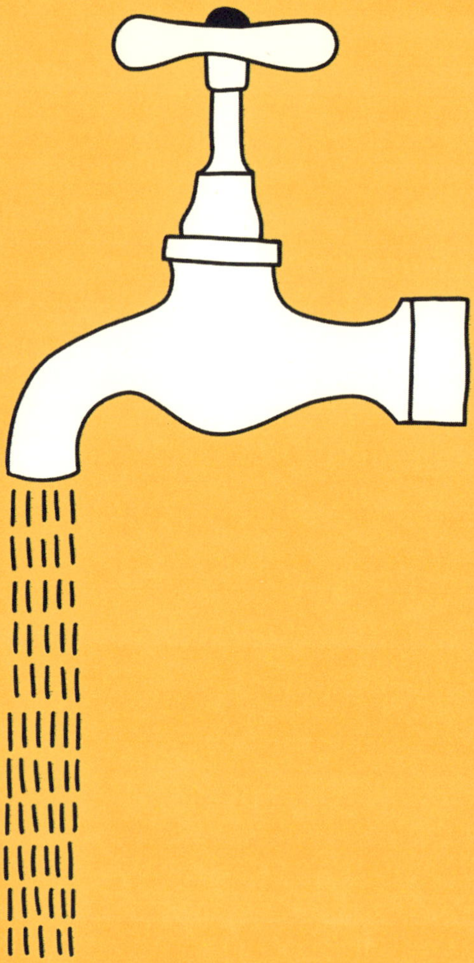

PINGO DE AMOR

O amor não tem cor
Raça
Idade
O amor flui como água
Bica
Pinga os encontros
Extraídos
Esparramados
Surpreendidos pelas diferenças.

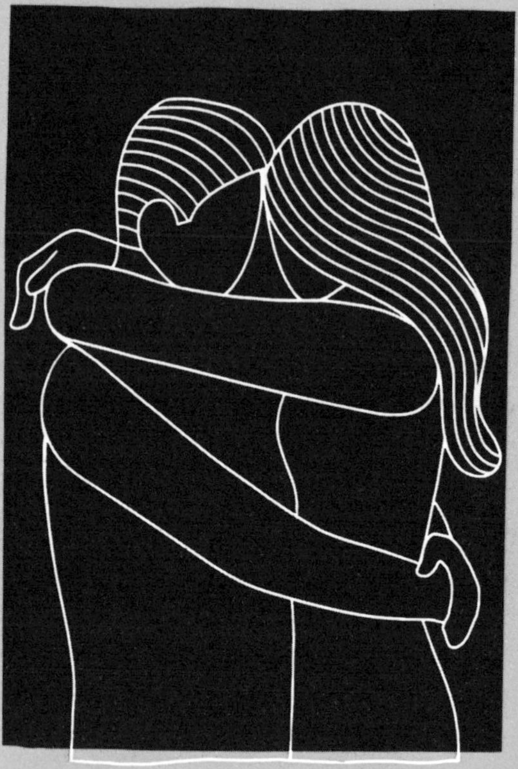

NOS OLHOS SEUS

No ar das palavras me perco em um verde profundo
Letras me faltam e o peito arfa sem melhor escape
Os olhos, na tentativa de ajuda, cavam algo para mirar
E mesmo na tentativa suicida de fuga
Se prendem ao seu dorso nu
Que ziguezagueia nas areias escuras de poças já secas
Pelo ardor do sol impiedoso e farto.
Assim como aqueles cabelos
Entrelaçando meus dedos já cambaleantes de tanto torpor.
A boca enseja um beijo perdido
Já que não se sabe mais as palavras
Me esqueço ali
E apenas ouço as suas que, levadas pelo vento,
Acabam por si só se findando em algum fim.
Termino em braços envoltos de sal, mar e veneno.
Me rendo ali sem dialeto ou vestimentas
Me rendi
E amei.

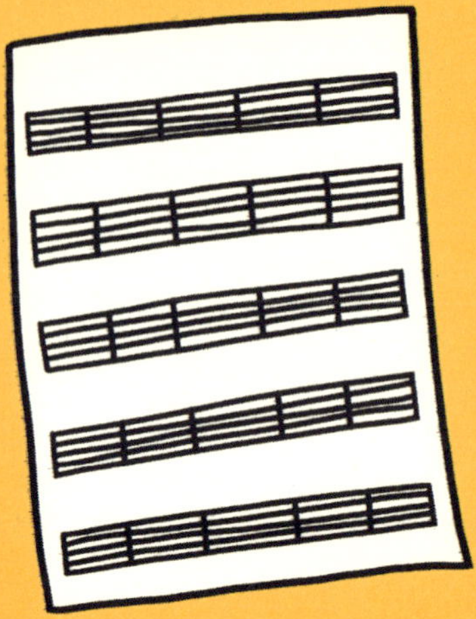

PAPEL EM BRANCO

Nuvem
Pranto
Santo
Canto
A música
Lúdica
Pudica
Suplica
De amor
Ardor
Pudor
De
Transar
Em branco
Sem música de amor pra amar...

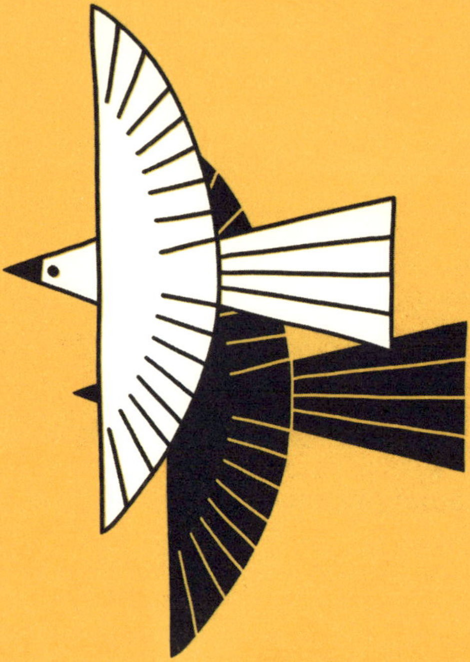

CANARINHO

Te amo de pés descalços
Te amo com gotas de barro
Salpicadas na brancura da blusa.

Te amo chocolate
Amargado.

Te amo aprendendo a dizer te amo
Te amo como o mar imprevisível
Te amo bicho solto que sabe "avuá".

Te amo, canarinho!
Espertinho!
Que cantarola por aí, parece sabiá
Quer "subia" no meu ouvido

Dia e noite

Noite e dia

Me ama me ama me ama...

E me fez "viciá".

TE AMO
APREN-
-DENDO
A DIZER
TE AMO

TE AMO
COMO
O MAR

IMPREVI-
-SÍVEL
TE AMO
BICHO
SOLTO QUE
SABE
"AVUÁ".

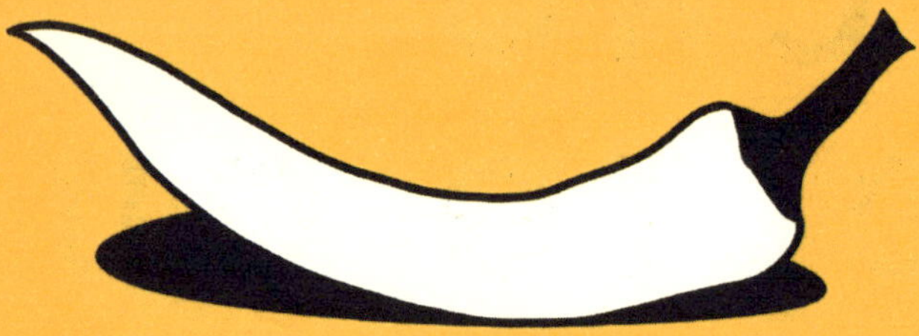

SAUDADE

Palavra curta que me custa a desembocar goela abaixo
Que arde quando encontra minh'alma prensada
Pela saudade. Palavra que mata
Se alastra além do coração
Palavra que se faz boba
E baba da boca
Palavra curta
Que encolhe
Minha
Paix
ão
.

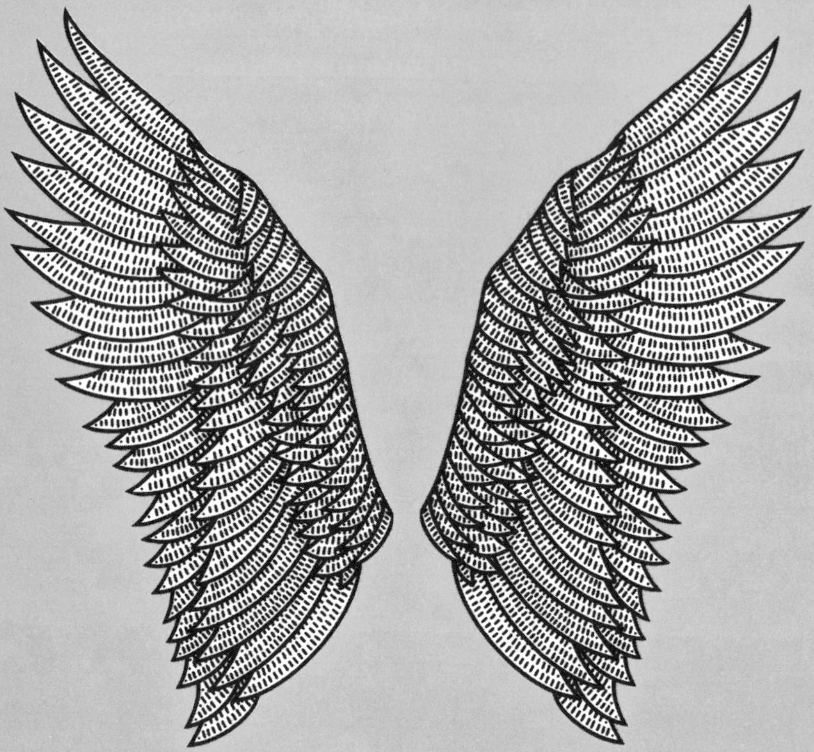

ALMA LIVRE

Poesia pra quê?
Se cada poema poetizado é calculado, especulado,
    racionalizado
Poesia é coisa de alma livre, com Asas inteiras

Declamar é coisa pra poucas bocas
Porque poesia é prosa de rua
Musicalidade na língua
Amoralidade no verso

Poesia pra quê?
Se cada vez que solto um refrão
Sou julgado
Um homem de pouca razão

Criticar é coisa pra muitas bocas
Porque poesia, poesia mesmo
Não vem de boca crítica que busca sentido, explicação
Poesia, meus caros falantes
Vem de alma com pouco juízo

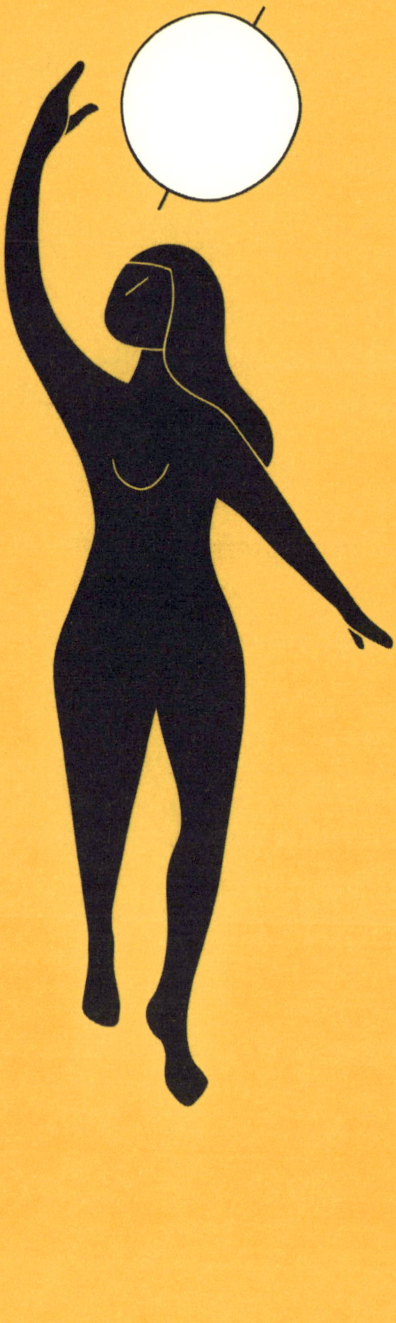

TRANSMUTAÇÕES

Queria eu mudar o outro, mas tenho que me curar de mim,
 me livrar do ego, este câncer que destrói as relações.
Expurgar minha maldade será meu fim?
Queria eu mudar meu mundo, mas é tão grande e alargado,
 profundo.
Queria eu mudar a mim e ser menos tudo que não quis:
 Ser um grão de areia qualquer batizado pela lua
 minguante, que ilumina parte da praia, enfim.

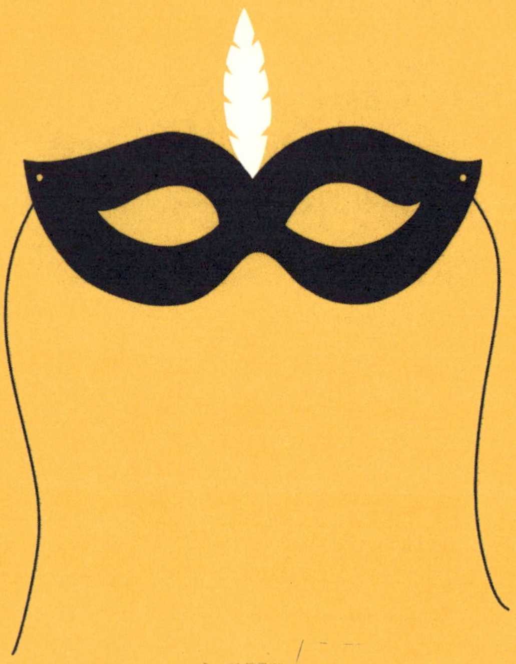

CLANDESTINIDADE

Uma vez li em um lugar comum: "Felicidade clandestina."
E isso me preencheu de tal forma que me vi clandestina em meu próprio país.
Alma e corpo em clandestinidade.
Isso me fez um pouco mais inteira mesmo sendo metade.
O movimento me fez viva e completa de novo como um feto.
A ilegalidade faz bater mais forte o coração e preenche alma e veias de seiva proibida.
Artista: não quero mais esse nome.
Por que não arteira?
Soa melhor e me cabe mais.
A felicidade pra mim hoje se encontra rara, porque os encontros, falo dos bons encontros, estes são tão difíceis de ter.
Minha felicidade é improvável — e eu sendo feliz mais ainda.
Felicidade é coisa para pessoas caducas do mundo, de si e do todo.
Como ser feliz hoje, em tempos obscuros e enfeitados por máscaras
Tempos que mais parecem um baile de carnaval celebrado no dia das bruxas.
Tá tudo errado!
Quero eu minha felicidade clandestina
E nela me afundar sorrindo e gargalhando, engasgando nas lágrimas sufocantes do egoísmo.
Egotista eu?
Imagina, sou apenas feliz.
Ilegal, mas completamente feliz!

4.
Do que somos?

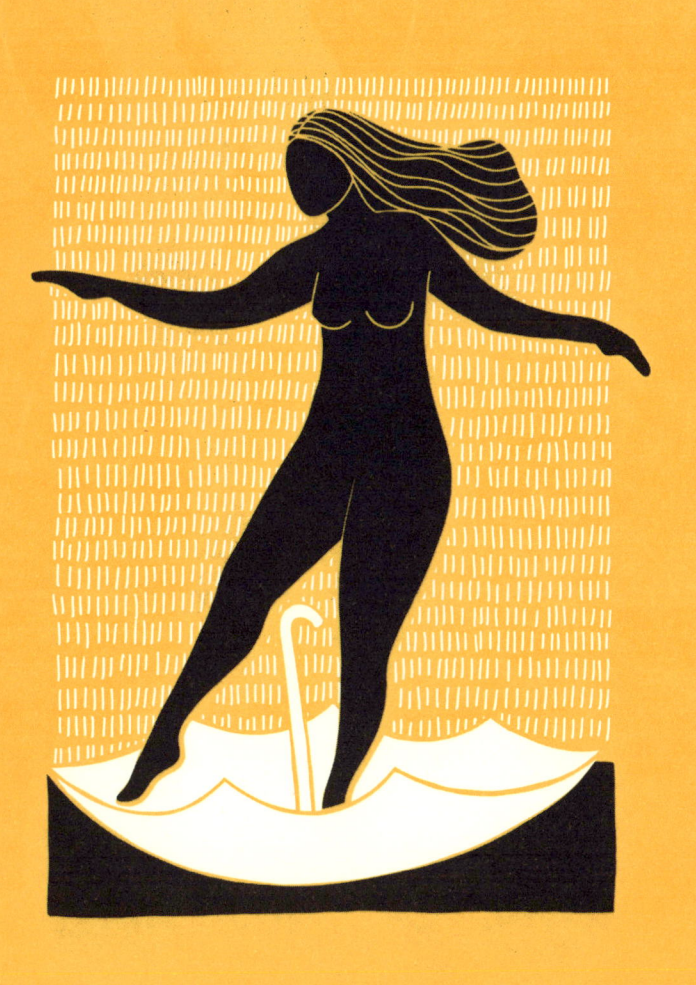

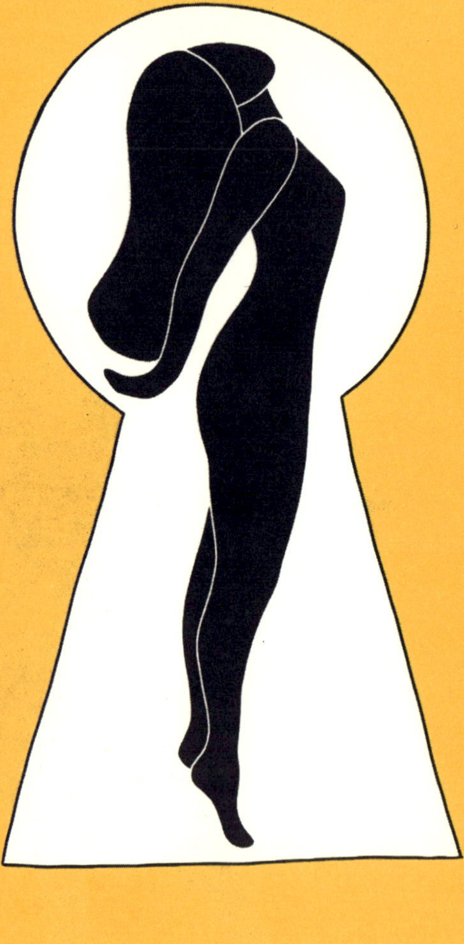

PERFUME QUE
A MEMÓRIA TEM

Estava aqui perdida nas sensações, buscando o que escrever, o que desta vez iria exorcizar de mim.

Algo me seduziu nesse curto espaço de reflexão: Minha infância, não abrangente, mas, especificamente, minha infância na casa de minha avó, Dona Maria Nilce Senador.

Se me permito fechar os olhos, vou ao encontro da varanda de mármore frio, branco e preto, um vaso de planta com flores microscopicamente tímidas de cor romã adornam uma mesinha de ferro sem muitos adjetivos. A porta, visivelmente grande para uma menina de cinco anos, com uma fechadura antiga que eu tinha prazer de apertar com cautela, na ansiedade de chegar ao ponto marcado do pique-esconde, antes de todos os primos, meus irmãos temporários, todos adotados por minha avó, e que se sentiam no direito de dividir a casa em feudos particulares, fazendo um ou outro de vassalo.

Domingo, natal, ano-novo ou uma eleição ganha, e lá estava ela com sua roupa sedosa impecavelmente desamassada e colorida, os cabelos acima dos ombros — negros como ébano e com cachos quase que fabricados, unhas meticulosamente

feitas, tudo emoldurado pelo som aveludado de sua voz.
Eu ficava observando-a comer, com os dedos sujos do
frango suculento. Ela mastigava com a boca aberta, sem
perceber, fazendo barulhos em virulenta mastigação. Recebi
repreensões de minha mãe por ressaltar isso ao pé do ouvido.

Depois, íamos para a sala, uma sala grande onde quase
cabiam todos: os netos iam primeiro, iniciando uma guerra
particular pelos melhores lugares do sofá cor marfim, ao
lado havia um aparador de madeira escura com tampo de
vidro transparente, e que, até o final da conversa, deveria
permanecer intacto, sem nenhuma mancha carimbada
por pequenos dedos peraltas.

Fim de tarde, quintal, onde passei tantas horas da
minha vida: solidão e um intenso exercício de criação.
Um parquinho particular me esperava, rodeado por roseiras
gigantes que ela, com todo esmero, mantinha ali, como
amante da perfeição. Rosas maiores do que uma criança:
vermelhas como sangue, brancas como nuvem ou rosadas
como o ocaso.

Subíamos depois de horas recriando o dia anterior,
esfomeados, e seguíamos para a mesa com seus tantos quilos
de madeira maciça, robusta, ladeada por bancos compridos
como os de uma arquibancada, enfeitada por uma toalha
branca. Tudo isso acompanhado do permanentemente
aceso fogão a lenha, do cheiro de café e gosto de biscoito de
"dedinho" — que durava segundos à mesa. Minha avó acolhia

aquelas bocas abertas em seu ninho, envolta por uma beleza leve e digna de contemplação.

Ah, que saudade...

Chegada a hora de dormir e a casa ainda permanecia em movimento: conversas chegando ao fim, cigarros, vinho, cervejas dançando pela cozinha.

Eu, neta caçula, sempre chegava ao quarto por último, carregando todos os cobertores e apetrechos, que, juntos, formavam um monstro macio três vezes maior do que quem os transportava. Minha avó batia a mão ao lado da cama, já com os óculos acoplados ao nariz, o livro na mão e o abajur cor de ouro aceso no canto direito. Eu me lançava por entre os lençóis e abraçava-a forte, o corpo tenro e uma pele que nunca toquei igual. Macia como um pêssego (isso sem ser clichê), impregnada do cheiro inconfundível do desodorante azul, (até hoje não sei a marca), cheiro que se espalhava pelo quarto e ardia as narinas.

Isso tudo fazia com que eu me sentisse segura.

Aquela casa era meu segundo útero, uma versão descarnada de mim. Noite adentro conversávamos por horas, ela com seus sessenta e poucos anos e eu com meus interrogativos cinco. Uma companheira, guerreira, eterna, mãe, avó e amiga. Como a saudade dói, minha querida avó. Como você faz falta nessa família que se abrigou tantos anos em seu ventre.

Veio a doença, insistente — e esse é um assunto que não merece abordagem intensa, somente breve e inevitável citação. Mas, na segunda vez, o câncer veio mais forte, foi quando a vi desaparecer devagar: primeiro o vermelho do batom, depois os cabelos, o livro, os biscoitos, as roupas de seda e, por fim, sobraram apenas aquela toalha branca e algumas migalhas de pão. O piano emudeceu, como emudeceram os porta-retratos com rostos conhecidos que o enfeitavam.

Até que um dia a Morte se compadeceu e, sem mais dor nem alarde, o fio dourado foi cortado fechando a última porta, levando consigo aquela que ainda perdura. Mas o riso alegre, o passo enérgico, as rosas, a música, a voz e o perfume, aquele perfume permanece comigo.

Sensações inesquecíveis de quem já partiu. Mesmo que se tenham baixado todas as cortinas.

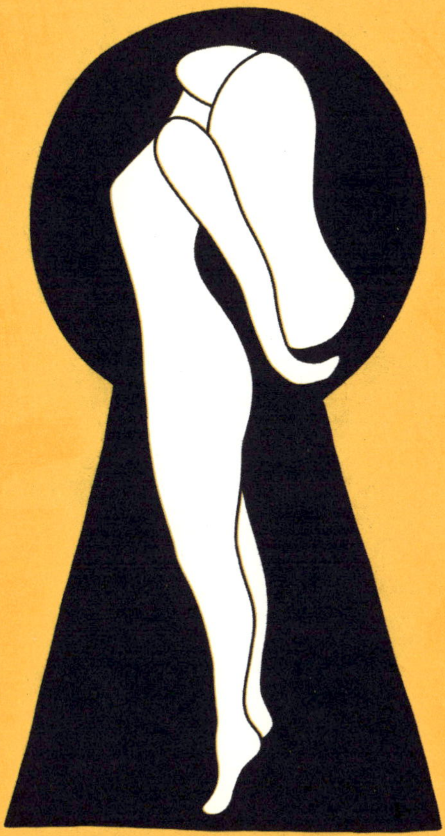

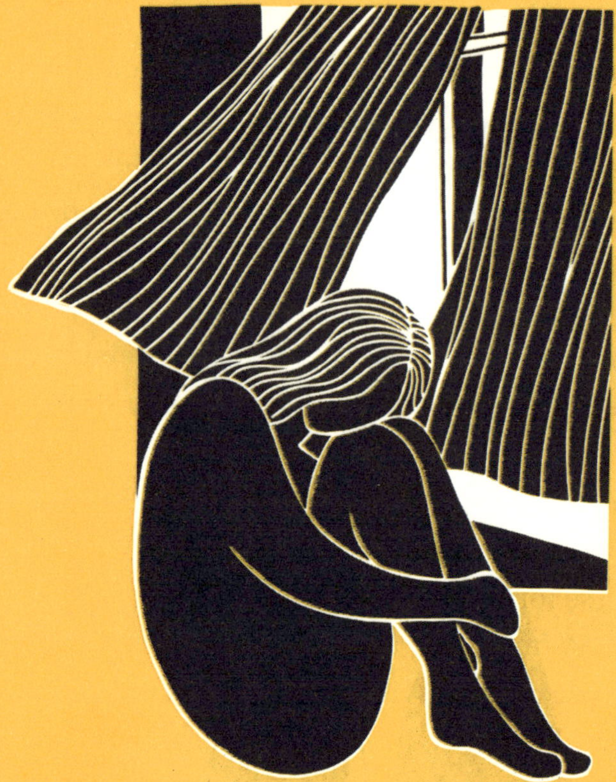

NOTURNOS

Com Leonardo Rosa

O vento sopra tanto e é tão funda a dor da morte que, se eu
 tento transformar o amor passante em simples e forte,
 reduzo o valor da musa distante. E penso: sorte!
Estou no olho do tufão e não vejo o semblante aberto do botão
 da blusa da moça. Ela, que guia certeira minha língua
 escusa até seu norte.
Abre os teus armários, medusa, e me mostra festeira o
 minguante anoitecer do teu porte.

O semblante descarnado da moça jorra sangue frio esta noite.
A blusa de botão foi costurada até o topo
E a angústia já se foi na tempestade.
Só o rancor agora impera
Duro e impiedoso nas mãos trêmulas da moça morta.
Chora, vento passante
E leve consigo o ódio, também.
Este tão pesado e preto
Como os belos cabelos intocados da fera desnuda na cama
Que agora
Sua saudade.

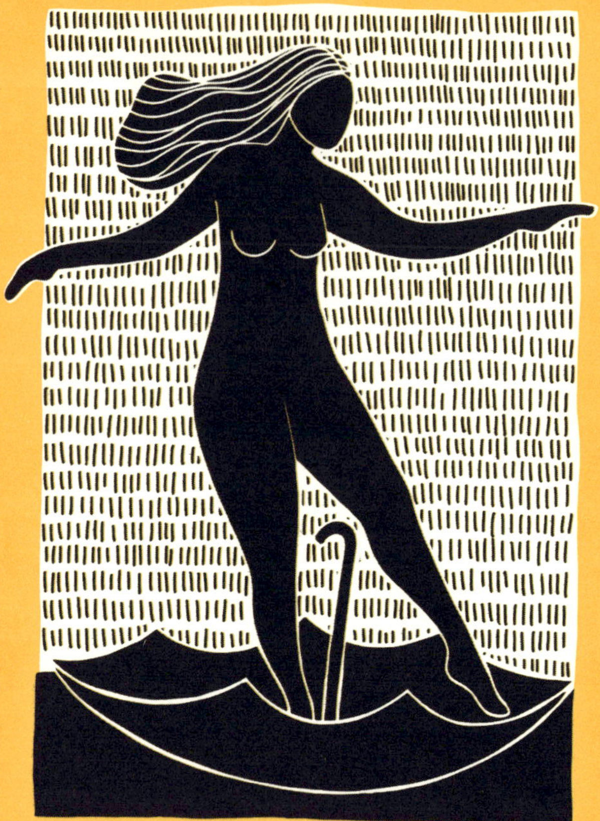

UM NATAL... FELIZ

Seis meses distante e, ao dobrar uma serra visitada pela chuva, lá está ela, rodeada por um vale com suas poucas casas e muitas lembranças — AIURUOCA.

Os rostos conhecidos vão passando por meus olhos, o cheiro de capim umedecido pelas gotículas de chuva fina penetra meus sentidos e me leva de volta pra casa.

A casa intacta (assim como a deixei).

Algumas linhas de expressão se fazem novas no rosto de meus parentes — alegres vermelhos de vinho e sempre, sempre falando alto, típicos descendentes de italiano.

É natal.

A CASA — cheia de ansiedade, amor, cumplicidade, histórias e desavenças. Festa, comida boa, aquilo tudo me embebedava de uma alegria quase perturbadora. O cheiro de vinho com queijo que meu tio-avô Badóglio sempre coloca à mesa, as visitas intermináveis, as fotos desenfreadas com seus flashes e cliques acompanhados de presentes e bolinhas coloridas. Isso às vezes me assusta.

AIURUOCA — que leva o sangue deles, o meu sangue... Cada casa, rio, cada pedra, flor... É onde tranco meus segredos, recarrego minhas magias, assassino meus medos, abrigo minhas conquistas.

Almoço de natal e, por coincidência ou não, pela primeira vez, após quatro anos, o almoço foi na casa de minha avó Maria Nilce — a matriarca da família, que já se foi... Não demorou muito e eu já estava com os pés na terra, numa overdose de coelhos, porquinhos, galos e galinhas... mas não me parecia igual e isso me doeu as vísceras.

Aconteceram mudanças naquela casa — o jardim não era mais tão grande, o cachorro não era tão feroz e o coelho não gostava de muito papo.

Aiuruoca, terra de infâncias!!!

Da janela da casa agora se via um monótono jardim que, latente como um livro antigo repleto de histórias, se contenta com três metros de capim e um cachorro (que mais parece um orfanato de larvas de mosquito).

A casa se abriga entre muros descascados, uma coleção de aranhas, um par de ratos e se vê preenchida de novo, pelos Nables, Senatores e simpatizantes. Em meio a esta festança desconfortável e desajeitada, eu, acompanhada pela farta solidão, observo a montanha, decifro o rio que corre ali — igual!!! E em meio às risadas e conversas vomitadas na cozinha, o meu peito se espreme (assim como minha mão aperta o copo de vinho quente), não por tristeza, afinal de

contas — é natal — tá tudo legal e estamos em Aiuruoca,
afinal... Mas, sim, porque o tempo passa, tudo muda... não
gosto de mudanças

O quintal agora é verde e amarelo, dúbio, e há a certeza
de que nada fica.

A tarde chega e começo a escutar o canto agudo dos
passarinhos que se escondem da tímida noite, que custa a
cair sobre a casa acesa. O bambuzal range alto, o rio segue
desenfreado em sua correnteza escura, bêbadas gargalhadas
animam o relógio que enfim se apressou nos minutos
e cobriu o céu de estrelas/cometas, guardando consigo
as lembranças de um dia esquecido pelo presente:

É o tempo...
que trouxe o natal...
que trouxe a família...
que leva a casa...
que tem o quintal — onde se guardam as histórias na água...
do rio...
que corre...
AIURUOCA...
AIUruoca...
Aiuruoca...

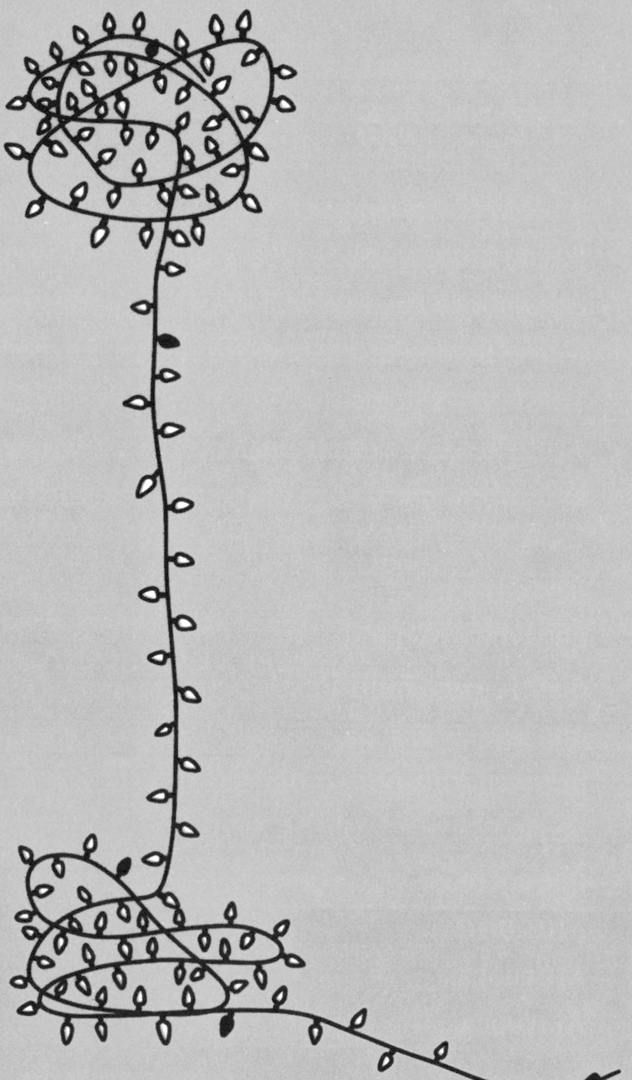

NOVO ANO

O ano que vai escoa pelas velas fervilhantes de natal, desaba no sorriso das crianças esfomeadas por letras e termina nas renas não vindas do Papai Noel obeso, que se esqueceu dos endereços mandados.

A inflação aumenta e o som das buzinas fica cada vez mais alto aliado ao fumacê que sobe das fábricas de estética, mumificando nossas damas tunadas do século vinte e um.

Junto delas passam também as famílias constituídas por crianças caricatas e cibernéticas, com seus games, iPhones, iPads, AirPods, deletando de seus drivers motorizados a criatividade de cada bípede.

Acabou o calendário, e renovamos a fé nos governantes de sorrisos cravejados em ganância, para que o próximo ano seja louvado com mais roubos e falcatruas. E que façam menos ainda do que fizeram até aqui, abençoando a todos os nordestinos com muita poeira. Amém.

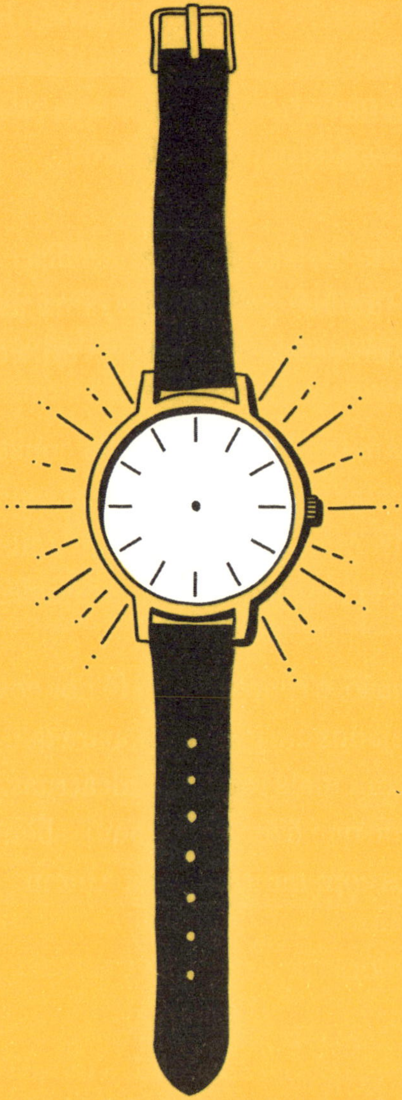

TIC-TAC

Sabendo que agora para tudo há um preço
A se pagar adiantado, na pressa, pressa de quê?
Pressa de ganhar, passar, mostrar, tornar, subir, ter, ter, ter.
Pressa para ser por títulos e dotes físicos
(Tic-tac)
Sabendo que agora nenhum prêmio será para o premiado
Tudo se ganha no escambo ou por números digitais, grifes,
 viagens caras pagas à prestação e influências fúteis
Pressa para ser algo menos preenchido e com mais quereres
Pois o que se quer tanto não faz volume no descarte de cada
 clique
(Tic-tac)
Sabendo que agora não se parece em nada com o ontem
 inquieto
E nesse hoje só se reza para que seja bem distante do que virá
 amanhã
(Tic-tac)
Que eu gire e, junto com as girantes que o mundo dá, me
 encontre
Na aceitação da simplicidade da vida
Para que meus valores reais voltem a reinar.
Tic-tac.
Tic-tac.

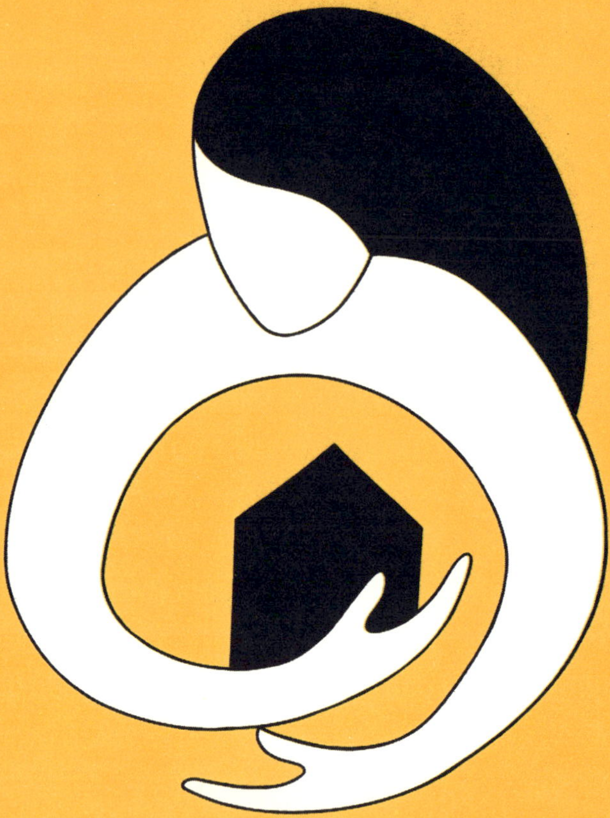

CASA MINAS

Por entre vales e corredeiras, o cheiro de estrume e barro
   me traduzem a infância brejeira rodeada de rubras
   amoreiras.
No vale tenro, verdejante, caminho sem pressa ou rumo.
Vago...
Vagando me alço a voos distantes para o lado de lá.
Vendendo sonhos pelas trilhas, reconto minhas histórias
   com um frescor de novidade.
História que remontam minha vida,
Histórias que me deleitam a alma e sonorizam minhas
   passadas.
A tarde aos poucos engole o dia,
Entoada pelo mugir do gado solto no quintal da casa,
Casa minha
Só minha
Casa de minhas vivências
Essas descoloridas pelo tempo.

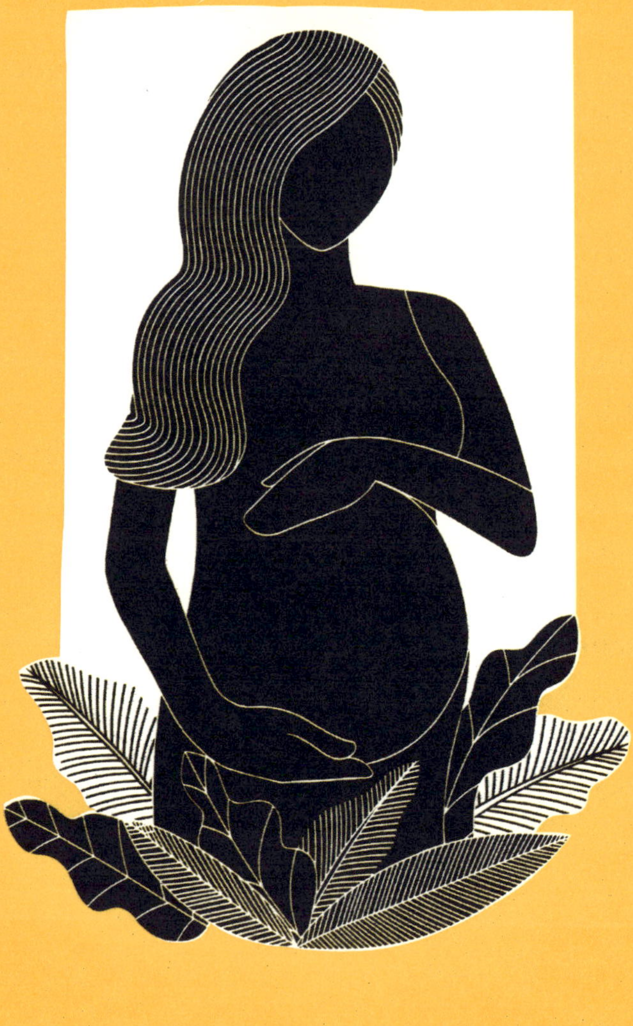

GESTAÇÃO

Sentada na rosa que floresce
Meu ventre carrega o sopro da sorte
Na espera do rebento
Bochechas e bocas irrigadas de frutada seiva
— Já disse ser sorte?
Rosáceas florindo dorso afora,
Regando o corpo entregue para a vida que cresce
E renasce
Para outro norte.
    Mais um dia ressurge dentre os galhos da castanheira sem corte, talho ou poda
Sentada, o cravo floresce no ventre da rosa
— Ô sorte!

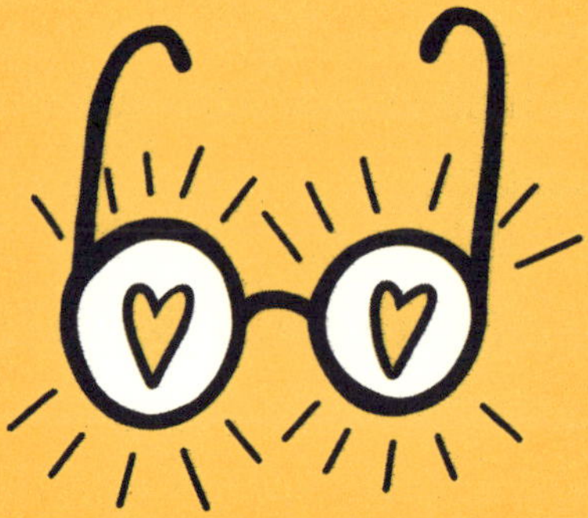

AMOR EM PARTES

Te amo por alguma parte do coração
Que o amor parece mais translúcido, úmido e fresco.
Amo de longe, de perto ou até mesmo de bem pertinho.
Seria gratidão ou apreço pela entrega que me dera,
    Quando eu nem sabia que podia ser.
Te amo um amor em partes por medo
    Que ele acabe e não exista mais este pedaço de mim
    completado em você.
    Sou partes.
    Filha
    Mãe
    Renascida avó.

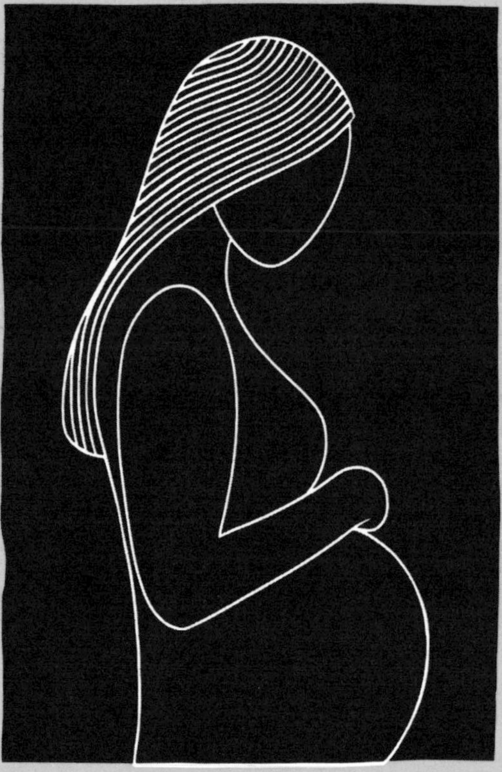

MATERNIDADE

Afogada em meio a sapatos e pedaços de madeira,
Deslizando os pés em poeira fina que levanta ágil ao
  amanhecer,
Sinto que não é somente a casa que se modifica:
Eu também me desencaixo mais a cada dia
E meu corpo segue a me surpreender.
Sem trégua, você se faz cada vez mais presente em nossas
  vidas.
O sonho se mostra completamente real.
Realidade que apavora e excita,
Que me remonta a vida
E estapeia minhas certezas
Incertas do amanhã.

REALIDADE QUE APAVORA E EXCITA,

QUE ME REMONTA A VIDA

E
ESTAPEIA
MINHAS
CERTEZAS

INCERTAS
DO
AMANHÃ.

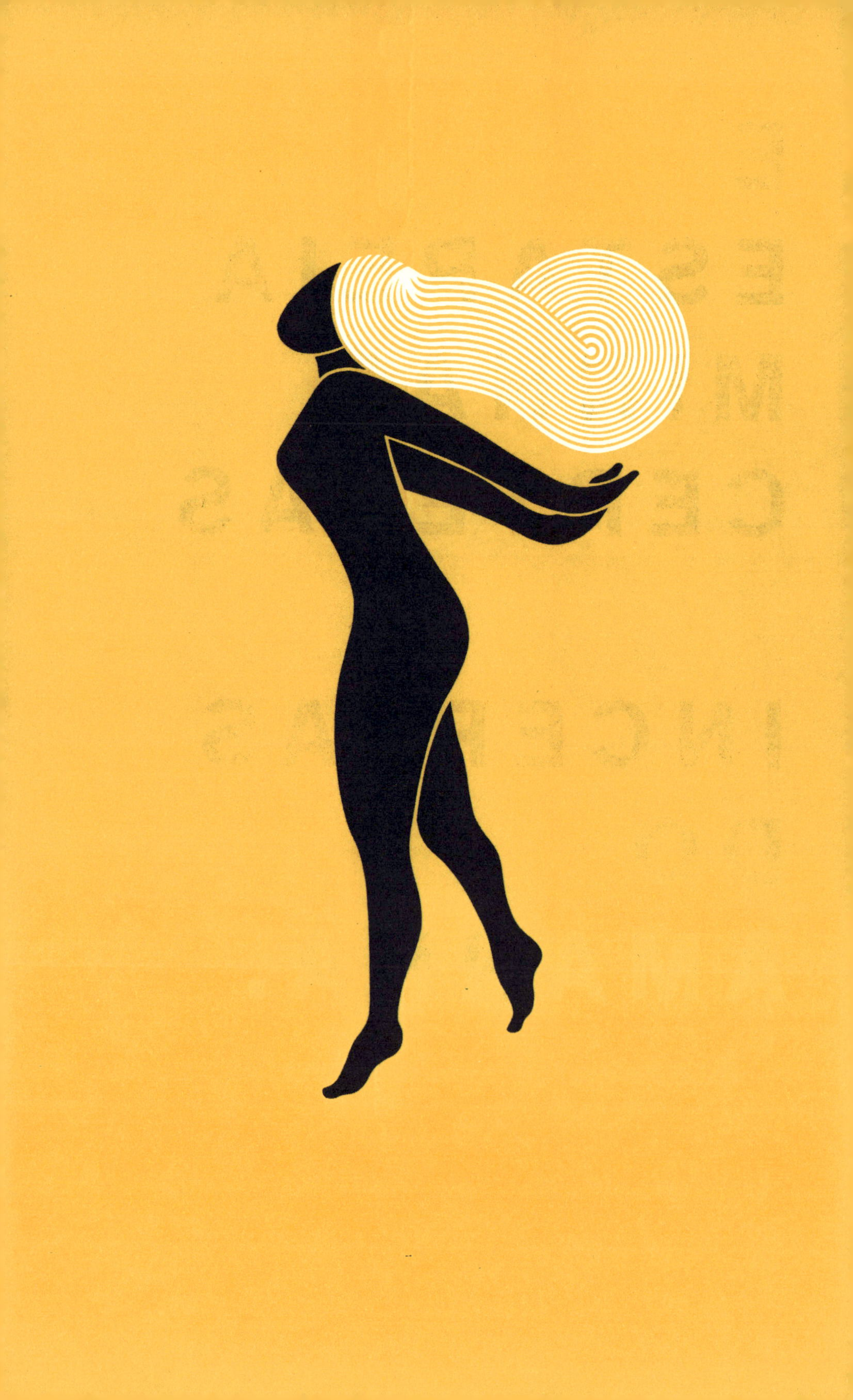

VENTANIAS

Vento graúdo ou minguante.
Vento meu que me despenteia,
espalha minhas verdades.

Embebedada pelo vento
me despi de mim, me perdi.
E foi de brisa que me vesti.

Mas dela me refiz.
E olha que grata surpresa:
voltei a ventar mais forte que nunca.

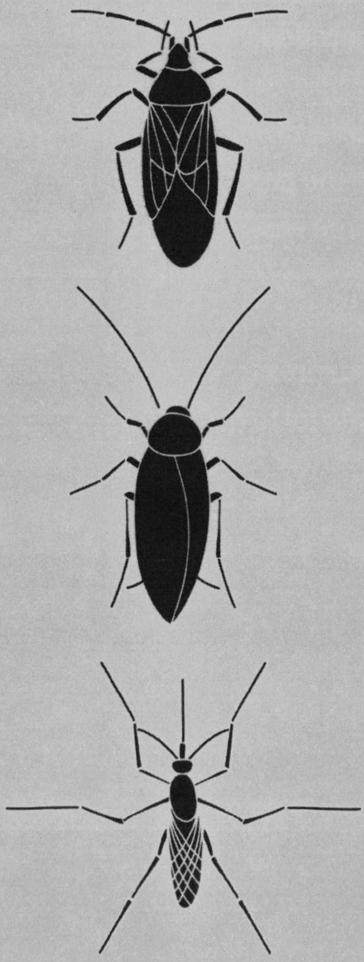

CONTADOR
DE HISTÓRIAS

Quando o fel adoçou meus lábios dando seu bom-dia, provei pela primeira vez a traição de mão que acaricia meu ventre, doma meus cabelos já lisos e saboreia do mel de minhas favas dissimulando amor e matéria, carne podre que me entrou pelas pernas sem minha total sanidade.
Onde estava eu quando me perdi em seus abraços enlameados de histórias vis?
Onde estava eu quando baixei minha guarda de vidro, esta estilhaçada pela sala?
Juntar os cacos já não é mais possível, pois estes se misturaram aos cacos da alma, que se quebrou à procura da aceitação do perdão.
Acordada, ainda durmo no ventre de minha mãe, que me abriga da total escuridão e me suga dos olhos as lágrimas que não cessam e não querem cessar...
BANDIDO de corações carentes, ator de peças mal-escritas,
Espero vê-lo preso e sem falo
Vagando pela eterna solidão do descaso.

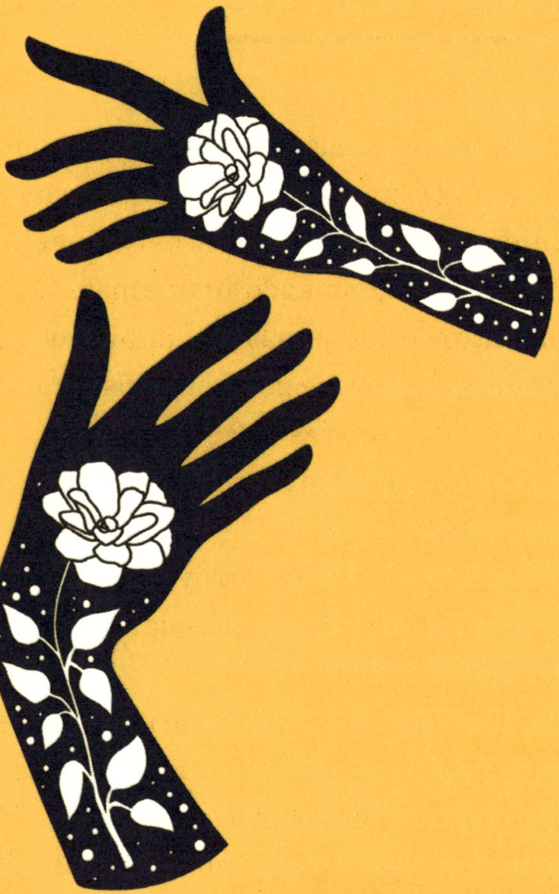

CAMÉLIAS EM MIM

Da casa ceifei as recordações de um dia bem criança.
Rasurados ali
pinhão na panela,
jabuticabas,
flores e rosas.

Aquelas rosas que jamais esqueci.
Aquelas rosas são
camélias em mim.

DIREÇÃO EDITORIAL
Daniele Cajueiro

EDITORA RESPONSÁVEL
Janaina Senna

PRODUÇÃO EDITORIAL
Adriana Torres
Thais Entriel
Mariana Bard

REVISÃO
André Marinho

PROJETO GRÁFICO DE MIOLO, DIAGRAMAÇÃO E ILUSTRAÇÕES
Fernanda Mello

ESTE LIVRO FOI IMPRESSO EM 2019 PARA A AGIR.